50대, 중년을 위한 변명

50대, 중년을 위한 변명

김지은 지음

제3부
느리게 나이 드는 법

안단테 안단테… 모든 날이 좋았다

올해 50대가 되었다. 지천명(知天命), 하늘의 명을 깨닫는 나이에 접어들었다. 그런데 현실은 학부모님들이 제일 싫어한다는 50대 여교사가 된 것이다. 관심을 두지 않고 초연해지려 해도 괜히 신경이 쓰이는 것은 어쩔 수가 없다.

세상에 상처 없이 살아가는 사람이 누가 있을까마는 꽃길을 걷지 않아도 좋다. 스스로 꽃이 되고, 길이 될 수 있는 힘이 아직도 내 안에 있음을 믿으며 이런저런 주변의 말들을 마음에 담아 두지 않으려 한다. 사실 학교에는 여전히 많은 중견교사가 있지만, 다들 이런저런 이유로 50대 교사를 별로 좋아하진 않는다. 그들의 20~30년에 이르는 교직 경험과 성찰적 태도가 정년 또는 명퇴와 함께 흔적도 없이 사라져 버리고 마는 것이 안타까웠다.

이런 현실에서 나는 언제부터인가 나보다 먼저 이 길을 걸어 갔을 경험자를 만나 마음 편하게 이야기를 나누고, 내 고민을 털 어놓으며 공감과 위로를 받고 싶어 이곳저곳을 기웃거렸다. 학 교에서나 가정에서, 또는 마음이 힘들 때 무게감 있는 중견교사 의 삶을 이야기하는 책을 붙잡고 그들의 이야기에 공감하면서 위안받고 싶었다. 하지만 그런 책은 없었다. 중년에 이른 내가 기댈 곳은 세상 어디에도 없었다.

그때 문득 스스로를 돌아보고 있는 자신의 모습이 보였다. 어 쩌면 나의 이야기가 누군가에게 작은 위로가 될 수도 있지 않을 까 하는 생각이 들어 용기를 냈다. 학교에서 다수를 차지하는 평 교사인 중견교사의 삶을 '교육적'이란 잣대 없이 그냥 들여다보 고 싶었다. 안팎으로 천덕꾸러기가 되어가는 중년의 삶을 성찰 하고 싶었다.

중년인 우리는 지금 어떻게 살고 있는가? 나이가 들면서 아 픈 곳도 많아지고, 사람들에게 둘러싸여 있어도 문득문득 외로 웠으며, 때로는 알고 지내던 이들과의 헤어짐에 슬픔을 가누지 못하고 허공을 응시하기 일쑤였다.

하지만 그림자가 한시도 당신에게서 떨어진 적이 없는 것처 럼 행복은 한 번도 당신을 떠나간 적이 없다. 때로는 근원을 알 수 없는 외로움으로 쓰라린 가슴을 부여안고 사무치도록 괴로워

하지만, 그럴 때마다 이 책과 함께하며 더욱 힘을 얻기 바란다.

작은 변화가 큰 울림으로 이어지는 게 우리네 인생이다. '빛'이라는 글자에 점 하나를 찍으면 '빚'이 되고, '고질병'에 한 획을 더하면 '고칠병'으로 바뀐다. 그리고 Dream is nowhere.(꿈은 어디에도 없다)가 띄어쓰기를 한 번 하면 Dream is now here.(꿈이 바로 여기에 있다)로 변한다. 단지 점 하나를 더하고, 띄어쓰기 한 번 했을 뿐인데 절망이 한순간에 희망으로 바뀐다. 이렇듯 일상에 일상을 더해가는 평범한 삶의 궤적이 기쁨으로 충만하길 기원한다.

이 책에는 고군분투하는 신규교사의 학교생활 적응기나 성장형 도전기 같은 참신한 열정은 없지만, 이미 그것을 경험해본 중견교사의 삶이 녹아들어 있다. 학생이나 학부모, 동료로서 만나왔던 어느 중년의 이야기가 친근하게 펼쳐진다. 직접 만나 공감과 위로의 말을 나눈다면 더없이 좋겠지만, 책을 읽고 있는 분들이 최대한 옆에서 같이 마주하고 있듯이 일상과 상념을 진솔하게 담아냈다. 지금 외롭고 힘든 누군가에게 이 책이 의지가 되고, 위안이 될 수 있으면 좋겠다.

책을 쓰는 동안, 주말이면 편하게 글을 쓰라고 아이를 데리고 나가준 남편과, 아직 엄마의 세심한 손길이 필요한 시기임에도 학교 일로 바빠 늘 아쉽고 미안한 마음뿐인 엄마를 이해하고 잘 성장해준 아들의 응원에 힘입어 달려왔음을 고백한다.

사실 내가 위로를 받고 싶었고, 그래서 오히려 동병상련의 마음으로 나 같은 상황에 있는 분들에게 위안을 주고 싶은 마음이 컸다. 힘든 중년의 누군가가 있다면 내 이야기를 들려주면서 이렇게도 살고 있다고 작으나마 위로를 해주고 싶었다. 교사이자 학부모이며, 낀 세대인 나의 삶을 들여다보며 당신이 그냥 위로받았으면 좋겠다.

글을 쓰는 동안에는 내내 나를 억눌러오던 낮아진 자존감이나 허무함은 느낄 새가 없었다. 그동안 잊고 있었던 교직생활 초기의 열정이 되살아나는가 하면, 잊고 있었던 옛 동료들을 떠올렸고, 내가 해마다 떠나보낸 많은 제자와 그들과의 추억이 새록새록 돋아나 행복했었다. 무엇보다도 글을 쓰고 있는 나 스스로가 괜찮은 사람이 된 것 같고, 꽤 괜찮은 일을 하는 것 같아 든든했다.

힘들고 좌절해 있을 때는 모든 것을 내려놓고 잠적해버리고 싶기도 했지만, 돌이켜보니 결코 나쁘기만 한 상황은 없었다. "너와 함께한 시간 모두 눈부셨다. 날이 좋아서, 날이 좋지 않아서, 날이 적당해서, 모든 날이 좋았다"라는 TV 드라마 〈도깨비〉 속의 명대사처럼 함께한 모든 날이 좋았다.

지금 이대로의 우리 모습을 응원한다. 그리고 이 책에 등장하는 모든 사람들과 상황에 감사를 드린다. 지금껏 당신은 충분히 잘 살아왔다. 이제 치열함을 내려놓고 당신의 생을 따뜻하게 안아 주길 바란다.

제1부

중년은 중간이 아니다

1

어느 날, 노안이 찾아왔다

50대, 중년은 엄밀히 말해 중간이 아니다. 100세 시대를 사는 생의 중간을 지나고 있을지는 몰라도, 또 다른 측면에서는 사회 생활의 아름다운 마무리를 위해 준비해가야 하는 시간이다. 예전에 공자가 살던 춘추전국 시대에는 50세를 '애년(艾年)'이라 했다. 머리털이 약쑥처럼 희어진다고 해서 나온 말이다. 물론 50세가 되어도 머리가 희어지지 않는 사람도 있고, 그 훨씬 이전에 흰머리가 되는 사람도 있다. 요즘 평균수명이 많이 늘어났다지만 그래도 50세란 장년에서 노년으로 접어드는 때이다. 그럼에도 우리는 몸과 마음이 예전 같지 않지만 그걸 인정하지 않고 오히려 의욕을 앞세워 더 분발하려 한다.

하지만 어느 순간, 불편한 현실에 직면하고 만다. 얼마 전, 작은 종이상자에 든 공구를 사용해 급하게 작업을 해야 할 일이 있었다. 그런데 상자에 인쇄된 사용설명서를 읽어야 하는데 황당한 일이 벌어지고 말았다. 도저히 그것을 읽을 수가 없었다. 가까이서 보려니 초점이 안 맞아 흐릿해서 못 읽겠고, 떨어뜨려서 보려니 초점은 맞아 또렷한데 글씨가 너무 작아 읽을 수가 없었다. 마음만 급할 뿐, 이러지도 저러지도 못하는 기가 막힌 상황이 벌어진 것이다.

안경이라면 벗어서 눈앞에 대고 읽으면 되겠지만 평소 콘택트렌즈를 착용하고 있었던 나에게 이 상황은 정말 환장할 노릇이었다. 이 느낌은 아직 노안을 경험해보지 못한 사람들은 이해하지 못하리라. 하지만 궁하면 통한다고, 결국 핸드폰으로 사진을 찍어 확대해서 읽을 수 있었다. 그렇게 일을 끝마칠 수는 있었지만, 서글픔과 동시에 좌절과 무력감이 몰려들었다. 어쩌면 이러한 노안 때문에 퇴직을 결심하는 사람들이 있지는 않을까 하는 생각마저 들었다.

문득 몇 년 전에 대학동기 다섯 명이 반갑게 만나 커피숍에 들어갔을 때의 일이 떠올랐다. 그때 우리는 자리를 잡고 앉은 후에, 주문하기 위해 메뉴판을 보는데 친구 한 명이 갑자기 안경을 이마 위에 걸치고 보는 것이 아닌가! 순간 "야~" 하는 소리가 터져 나왔다. 그를 제외한 나머지 네 명이 그 친구의 모습을 보고 동시에 소리를 질렀던 것이다.

40대 중반인 우리가 아직 그럴 나이는 아니지 않나…. 아직은 젊다는 그런 자존심이 다분히 깔린 외침이었다. 어쩌면 동년배인 친구가 안경을 이마에 걸치고 글을 보는 모습에서 이제는 서서히 늙음이 도래하고 있음에 대한 서글픔 때문이었을 수도 있다.

그 당시의 우리는 시력의 노화가 빨리 진행되었던 친구의 상황과 심정을 공감하지 못했다. 일단 안경을 이마에 걸치고 맨눈으로 보는 동작을 생각하면 슬프다. 젊음과 늙음 사이에서 이젠 어쩔 수 없이 늙음을 받아들여야 하는 서글픔과, 잘 보이지는 않지만 어떡하든 주어진 일을 해야만 하는 현실에서 아직까지는 건재함을 보여줘야만 하는 애잔함….

그런데 시간은 왜 이리 빠른지, 그로부터 다시 몇 년이 훌쩍 지나 지금의 나는 나이듦을 온몸으로 체험하고 있는 중이다. 특히 노안은 가장 확실하게 늙음을 인정하게끔 했다. 어릴 적부터 근시가 있었던 나는 20대 사회생활을 시작할 때부터 콘택트렌즈를 끼고 있었다. 언젠가부터 컴퓨터 글씨를 볼 때나 문서를 볼 때는 미간을 찌푸리게 되었고, 눈을 자주 비비곤 했으며, 가까이 보는 것보다는 약간 떨어져서 보는 것이 더 잘 보이게 되었다.

그뿐만이 아니었다. 얼마 전 수업시간에 아이들에게 바느질을 가르치면서 알게 된 사실인데, 나는 바늘구멍에 실도 잘 넣을 수가 없었다. 아이들에게 바느질을 가르치는 첫 시간은 바늘과 실, 쪽가위 같은 바느질 도구를 설명하고 난 뒤에 작은 바늘구멍에 실을 꿰는 것부터 시작한다.

당연히 나는 선생님으로서 아이들에게 바늘구멍 속으로 실을 통과시켜 시작 매듭을 짓는 모습을 시범으로 보여주려 했다. 그렇지만 현실을 알아차리는 데는 그리 많은 시간이 필요하지 않았다. 내 눈앞에서 작은 바늘구멍이 안개처럼 흐려졌다가 조금 선명해지기를 반복하면서 보일 듯 말 듯 했다. 몇 번의 시도 끝에 겨우 손끝의 감각으로 실을 꿰고 매듭을 지을 수 있었지만 당황스럽기 그지없었다.

그리고 이어서 바느질을 할 천에 선을 긋고, 본격적인 바느질로 홈질(바늘땀을 위아래로 드문드문 성기게 꿰매는 바느질의 한 방법) 지도를 해야 한다. 그런데 몇몇 아이들이 홈질은커녕 자신도 선생님처럼 바늘구멍에 실을 꿰지 못하겠다고 손을 들며 도움을 청했다. 나는 아이들이 가진 바늘의 구멍이 너무 작은 것들은 중간크기의 바늘로 바꿔주었다. 그리고 바늘에 실을 꿰기 위해 여러 번의 시도로 실 끝이 풀어진 아이들에게는 가위로 실 끝을 잘라주었고, 그것도 여의치 않으면 딱풀에 실 끝을 문지르면 실이 빳빳해져서 꿰기가 쉬울 것이라고 알려주었다. 그러나 절대로 내가 대신해주지는 않았다. 아니 대신해줄 수가 없었다.

"원래 바늘에 실 꿰는 게 쉽지는 않아. 그렇지만 바느질의 가장 기초이니 급하게 생각하지 말고, 안 된다고 짜증 내지 말고 천천히 실 끝을 잘 보고 바늘구멍에 넣어보세요. 선생님은 대신 해주지는 않을 거다."

의도하지는 않았지만 그 날 나는 아이들을 끝까지 격려하며 스스로 하게끔 해서 성취감을 맛보게 하는 뜻있는 교사가 되어 버렸다. 아이들이 눈치채지 않게 말은 멋들어지게 포장해서 그럴듯하게 했지만 씁쓸함은 바느질 수업 내내 남아 있었다.

하지만 그 날 이후에도 바느질 수업은 몇 번 더 이어져야 했다. 여전히 바느질 수업시간이면 바늘에 실을 꿰어달라고 도움을 청하는 아이들에게 그때마다 교육적인 이유만으로 외면할 수가 없어서 나는 사실대로 말해버렸다.

"선생님이 늙어서 이제 조그마한 것은 잘 안 보여. 바늘구멍에 실 넣는 것이 안 되면 친구한테 도와달라고 하자."

선생님이 노안으로 작은 것을 보기가 힘들어서 못하겠다고 이야기하고 말았다. 당시 나는 심각하게 말했지만 아이들은 전혀 심각하게 생각하지 않았다. 나이의 간극이 꽤 크기 때문에 아이들은 노안이란 것이 뭔지 가늠할 수도 없었고, 나 역시 아이들에게 내가 잘 안 보인다는 사실을 숨기고 싶은 생각은 없었다.

그렇지만 내가 언제나 이렇게 노안이어서 못하겠다고 솔직하게 말했던 것은 아니다. 때로는 끝끝내 말하지 않고 무기력하게 앉아 있기도 했다. 코로나19 이후 대부분 온라인으로 진행되던 교사모임이 차츰 대면 모임으로 바뀌기 시작했다. 그때 내가 참여하던 온라인 교사모임의 처음이자 마지막이었던 대면 만남의 날에 있었던 일이다. 대면 모임에서 반가움과 안부를 묻는 인사 후에, 20여 명의 선생님들은 우리의 꿈을 이루자는 취지로 드림캐처를 만들기로 했다.

그리 밝지 않은 형광등이 켜진 방에서 드림캐처를 만들었다. 드림캐처를 만드는 방법을 가르쳐주시는 강사님은 열심히 설명했으나 나는 잘 알아듣지 못했다. 아니 잘 보이지 않아서 강사님께서 설명하는 속도대로 따라할 수가 없으니 더 알아듣지 못했다. 바늘구멍보다 약간 큰 구멍에 나일론실을 넣었다 뺐다 해서 하나씩 매듭처럼 묶어서 연결하는 것인데, 내 눈에는 그 구멍이 보이지 않았다. 콘택트렌즈를 낀 눈을 비비고 깜빡거려보기도 했지만 여전히 침침했다.

나만 그런 것이 아니었던지 다른 선생님들 사이에서도 형광등도 침침하고, 눈도 침침해서 못하겠다는 말이 간간이 들렸지만 웃음 속에 그냥 묻혔다. 정작 그 말을 절실하게 해야 할 나는 아무 말도 하지 않았다. 나이는 서로 말하진 않았지만 대략 30~40대 중반까지의 모임 구성원들에게 소심한 나는 굳이 노안 때문에 잘 따라하지 못한다는 사실을 드러내고 싶지 않았다. 대신 그냥 이해력이 부족한 사람, 이런 것 하는 데 젬병인 사람이 되길 택했다.

그날 남들보다 엄청나게 늦은 속도로 대충 하면서 나는 더 소심해졌고 조용해졌다. 노안은 그렇게 날 무기력하게 만들었다. 인간에게 있어 모든 기능이 마찬가지겠지만, 시력이 저하되면 자신감이 그만큼 낮아지는 것 같다. 잘 보이지 않아 끙끙대다 보면 무엇인가를 해보겠다는 의욕과 자신감은 떨어지고, 결국에는 안절부절못하다가 좌절하기 일쑤었다.

나는 양쪽 시력이 모두 −8.0으로 엄청난 근시였다. 안경렌즈는 3번 압축을 했지만 두껍고 가장자리는 여러 겹으로 보인다. 그래서 외출할 때는 항상 콘택트렌즈를 꼈었고, 집에 있을 때나 잠깐 동네를 나갔다 올 때만 안경을 꼈다. 이렇게 렌즈를 고집한 이유는 안경을 끼면 불편하기도 했지만, 그보다는 고도 근시 안경을 끼면 못생기고 둔하게 보일 것이라는 나름의 미적인 이유가 컸다. 사실 누가 뭐라고 하지는 않았지만 렌즈를 끼면서 나스스로 괜찮아지는 느낌이 들었다.

그렇게 다른 사람의 평가와 시선을 의식했던 내 모습이 중년이 된 지금까지도 남아 있다. 이만큼 살아왔으면 이제는 무덤덤해져도 될 것 않은데, 아직 나는 다른 사람의 시선을 의식하고 있다. 갑자기 모르는 사이에 훅 진행된 노안은 남들에게 보이는 모습보다는 나 자신을 챙기라고 말한다. 진정 나를 위하는 것이 무엇인지 생각하고 행동하라고 한다. 이미 신발장에는 뾰족한 구두 대신 운동화가 여러 켤레 있고, 옷장에는 몸에 붙는 옷보다는 여유 있는 옷들이 많아지고 있다. 마찬가지로, 머지않아 콘택트렌즈도 안경에게 자리를 내주게 될 것이다.

　물론 중년이라고 겉으로 보이는 모습이 모두 부질없다는 것은 아니다. 생기 없는 초라한 중년의 모습은 나 또한 원치 않는다. 다만 보이는 모습보다는 내적인 아름다움을 다듬는 것이 더 중요함을 실감하게 된다. 원래 내적인 아름다움과 건강한 체력이 중요한 것을 알지 않았냐고요? 물론 알고 있지요. 그래도 내가 명색이 교사인데, 학생들에게 외적인 것보다 내적인 것을 가꾸자고 그동안 얼마나 많이 이야기했겠습니까! 그런데 정작 그게 자신에게 닥치니 비로소 실감하게 되더라구요.

②

역지사지(易地思之)의 마음

세상에서 가장 맛있는 밥은 '남이 차려주는 밥'이라는 우스갯소리가 있다. 물론 우아한 호텔 식사나 고급 중식당의 코스요리처럼 생각만으로도 입에서 군침이 도는 맛난 음식들도 많지만, 그만큼 주부들이 집에서 삼시 세끼 밥상을 차려내는 일이 때로는 귀찮고 만만치 않다는 말이다.

어쨌든 어머니들에게 있어 세상에서 가장 맛있는 밥은 남이 해서 차려주는 밥이다. 나 역시도 외식이든 배달음식이든 급식이든 이미 차려진 밥상에서 먹기만 하는 것은 무엇이든 좋다. 그렇지만 남편이 차려주는 밥상은 좀 달랐다.

오랜만에 남편이 요리를 하겠다고 한다. 신혼 때에는 같이 저녁상을 차리곤 했으나, 남편은 그다지 요리하는 것을 즐기지 않앗다. 결혼 전에는 혼자 살면서 삼겹살만 구워 먹었다는데, 삼겹살은 맛있는 데다가 질리지 않고 특별히 손이 많이 가는 것도 아니잖은가. 오롯이 밥상을 차려내는 일은 그것과는 차원이 다른 일이다.

그런데 요즘 들어 갱년기 중년 남성의 여성성이 발현되어서 그런 건지 남편이 요리에 부쩍 관심을 가지기 시작했다. 식당에서 나오는 반찬 이름을 묻는가 하면, 거기에 더해 그걸 어떻게 요리하는지를 세세하게 물었다. 가끔 인터넷에서 요리 블로그를 찾아보기도 했다.

그것이 그냥 한때의 호기심이려니 생각하며 내심 기대도 않았지만, 남편이 오늘 드디어 팔을 걷고 나섰다. 자신이 전문식당에서 먹어본 감칠맛 끝내주는 미역국 맛을 보여주겠단다. 그동안 그 맛을 도저히 나한테서는 찾지 못했던 모양이다.

"오늘 저녁의 미역국은 내가 할게."

그때만 해도 나는 편할 줄 알았다. 그래서 커피 한잔 들고 텔레비전 앞 소파에 앉아 리모컨을 눌렀다. 그런데 내 머릿속 환상이 깨지는 데는 그리 많은 시간이 필요하지 않았다. 나를 찾는 남편의 목소리가 곧바로 들려왔기 때문이었다.

"큰 냄비는 어디 있는데?"

"전자레인지 밑 싱크대에 있잖아."

"어디? 없는데."

이미 내 의식은 청각을 따라 부엌에 가 있었다. 잠시 덜컥이는 소리에 온 신경이 집중됐다. 그 소리만으로도 남편의 모습이 눈앞에 그려졌다. 그런데 정작 이것은 시작에 불과했으니, 내 도움을 구하는 남편의 목소리는 그칠 줄 몰랐다.

"고기는 어디 있는데?"

"냉동실 세 번째 칸에."

"나는 칼 들고 있으니까 지금 바로 고기 좀 빼 줘."

"들기름은 어디 있는데?"

"냉장고 소스 넣어두는 곳."

"빼서 싱크대 위에 올려 줘."

"마늘은?"

"마늘 씻어서 좀 줘."

"마늘 꼭지는 있으면 안 되나? 꼭 없애야 하나? 없애 줘."

일일이 대답하기도 귀찮아지면서 몇 번 부엌을 들락날락하고 나니 차라리 내가 하는 게 낫겠다 싶은 생각이 굴뚝 같았지만 참았다.

"앗, 미역이 이것밖에 없어?"

"몰라. 미역이 없었나?"

"없으면 미리미리 사다 놔야지. 미역국 끓이는데 미역 없으면 어떡하는데?"

"그거를 왜 나한테 이야기하는데? 미역국 끓이고 싶은 사람이 찾아봤어야지. 알았어. 사 올게. 요 앞 마트 가서 사오면 되잖아."

"칼은 왜 이리 잘 안 드는데?"

"헉, 그만! 내가 요리할 때 언제 이렇게 시키는 것 봤나? 힘들어 죽겠다. 안 그래도 팔도 아픈데."

갱년기 중년 남성의 여성성과 갱년기 중년 여성의 욱하는 성질이 부딪치고 말았다. 차라리 내가 하고 말지 보조는 할 짓이 못되었다. 하지만 그날 나는 요리하는 남편을 도와 참고 묵묵히 보조했다.

이렇게 사연 많은 미역국은 저녁에 가족이 밥상에 둘러앉았을 때, 아빠가 만든 맛있는 미역국이 되었다. 아이는 아빠의 요리 솜씨가 좋다고 다음에 또 해달라고 칭찬했지만, 나는 나 없을 때 요리하라는 말로 평가를 대신했다.

그런데 소파에서 텔레비전을 보면서 가끔씩 보조만 했을 뿐인데 오히려 내가 요리한 날보다 팔이 더 아팠다. 사실 예전부터 팔이 자주 아팠다. 병원에서는 직업상 컴퓨터를 많이 쓰는 데다 수업 중 칠판에 글씨를 많이 쓰다 보니 그럴 것이라고 했다. 그러면서 손목터널증후군과 테니스엘보, 어깨 석회건염까지 진단

받았다.

병원에서 치료를 받다 보면 좀 괜찮아지기도 하고, 또 항상 아픈 것이 아니라 움직일 때만 아프다 보니 바쁘다는 핑계로 다 나을 때까지 병원을 다니지는 않았다. 그래서 항상 재발을 자주 했고, 연례행사처럼 방학이 되면 병원을 찾았다. 그런데 나이가 든 때문인지 올해는 아픈 증상이 나타나는 주기가 조금 빨라져 4월에 팔을 뒤로 하는 '열중쉬어' 동작이 안 되었다. 아픔을 견디지 못하고 정형외과에 갔더니 오십견 초기라고 한다.

병명 중에 나이를 알려주는 유일한 것이 오십견이다. 오십이 되니 정확하게 오십견 증상이 생겨버렸다. 나란 인간은 생체 나이가 이렇게 정직하다니…. 물론 모든 것에는 예외가 있다. 요즘은 젊은 사람도 많이 아프다며 50대라서 오십견이 나타나는 것은 아니라 하고, 나 역시 아픈 팔은 왼팔이기에 컴퓨터를 많이 쓰고 칠판 글씨를 많이 써서 오십견이 생긴 것은 아니다. 아프면 오른팔이 아파야지 왜 밥을 먹는 쪽도, 글씨를 쓰는 쪽도, 마우스를 잡는 쪽도, 요리할 때 칼을 사용하는 쪽도 아닌 왼팔이 아프냐고!

어쩌면 일을 할 때에 있어 그만큼 보조하는 것이 중요하고 힘들기 때문이 아닐까 하는 생각이 들었다. 어느 조직에서건 중견이라는 위치에 들어서면 서서히 누군가를 보조하는 것에 익숙해져야 한다. 지금껏 젊음을 앞세워 열정과 패기로 중심에 서서 일을 추진했다면 이제는 스스로 중심에서 한 발짝 물러서서 좀 더 넓은 시야를 갖고 일이 잘 진행될 수 있도록 지지하고 도와줘야 하는 위치에 있는 것이다.

중견교사인 나 역시 학교에서 스스로 다른 사람들을 보조하는 역할을 자처하기도 했다. 몇 년 전, 새로운 학년의 동학년 선생님들과 처음 모임을 가진 자리였다. 나이를 굳이 밝히지 않아도 나는 동학년의 최연장자임을 알 수 있었다. 당시 40대 중반의 그리 많은 나이도 아니었지만, 20~30대로 구성된 젊은 교사 사이에서 40대 중반은 그들이 보기에 나이 많은 선생님이었고, 그 사람이 바로 나였다. 더구나 교감선생님께서는 내게 특별히 젊은 사람들만 있는 것보다 40대가 있어서 든든하다며 중심을 잘 잡아달라고 부탁까지 하셨다.

'뭘 중심을 잡아. 나도 제대로 서 있지도 못하겠구먼. 그리고 요즘 젊은 사람들이 얼마나 잘 하는데….'

그들은 30대 남자 부장선생님을 중심으로 잘 모였고, 그들 사이에 외톨이로 따로 존재하는 듯한 나는 그런 환경이 낯설고 불편했다. 복도에서 잠시 만나 회의하고 확 사라지는 것도, 부장선생님이 이야기를 하는데도 계속 휴대폰에 눈을 떼지 않으면서 이야기를 듣는 것도, 서로 격의 없이 학생들이 보는 앞에서도

'언니'라고 부르며 이야기하는 것들 모두가 어색했다.

　부장선생님은 가끔 이런 나를 배려해서인지 특별히 내 의견을 물어보기도 했으나, 그때에도 내 의견을 말하기보다는 그냥 젊은 선생님들의 생각을 들으며 맞춰 주었다. 그렇다고 가만히 듣기만 하면 그들이 오히려 불편해할까 봐 긍정의 추임새를 넣어 주었고, 동학년 선생님들 모임이 있을 때면 1차까지만 하고 빠져주는 것으로 그들을 격려하고 응원했다.

　그렇게 최연장자로 마음을 쓰며 일 년을 보냈더니, 다음 해에는 공교롭게도 내가 동학년의 막내가 되었다. 이번에는 50대 여자 부장선생님을 중심으로 모든 일은 일사천리로 진행이 되었다. 나는 우리 학년의 막내로서 학년 수업공개 업무를 맡았는데, 이것은 학년에서 한 반씩 학교의 전체 교사를 대상으로 수업을 공개하는 것이다. 다시 말해 모든 교사가 공개수업을 하되, 각 학년에서 한 반은 참관을 희망하는 다른 교사들에게 수업을 공개하는 형식이었다.

　당시 교장, 교감선생님께서는 같은 학년이면 서로 같이 연구하여 똑같은 지도안을 작성해서 수업을 공개하는 것을 선호하셨다. 게다가 학년 공동의 수업지도안은 수업 전에 먼저 교장선생님께 보여드려 지도 조언을 받고, 수업공개 이후에는 교장, 교감선생님과 같이 수업협의회를 해야만 했다. 따라서 학년 공개수업은 모두가 부담스러워할 수밖에 없었는데, 그걸 막내인 내가 맡는 것으로 우리 학년을 서포트했다.

먼저 학년에서 이야기가 나온 대로 내가 지도안을 작성하고 동학년 선생님들께 보여드리니 옆 반 선생님께서 일부를 수정하자고 하셨다. 이전 해에는 나이 많은 내가 특별히 반대 의견을 내지 않는 것으로 젊은 선생님들을 서포트했다면, 올해는 말씀하시는 의견에 달리 토를 달지 않는 것으로 선배 선생님들을 서포트했다. 그렇게 수정한 지도안을 들고 교장선생님을 찾아뵈었더니, 교장선생님의 생각은 또 달랐다. 하지만 수업대회에서 수상한 적도 있는 옆 반 선생님은 교장선생님의 의견을 받아들이지 않으려 하셨고, 정작 수업공개를 해야 하는 나는 중간에서 이러지도 저러지도 못할 처지에 놓였다.

문제는 무엇일까? 나의 공개수업임에도 불구하고 내 생각은 전혀 말하지 않고 소극적으로 다른 선생님이 하라는 대로 수정해버리는 나, 지속적인 조언을 함으로써 우리의 공동지도안을 바꾸게 했지만 교장선생님의 조언은 받지 않으려고 직접 찾아가서 독대까지 하신 옆 반 선생님, 직접 지도서와 교과서를 찾아보시면서 우리 학년 수업지도안에 자신의 생각을 이야기하시며 수업의 흐름을 바꾸기를 원하시는 교장선생님…. 과연 우리 각자는 누구를 위해 서포트를 한 것일까?

사람마다 서로를 사랑하고 위로하는 방식이 다르듯이 그때의 우리 모두는 각자의 방식으로 서로에게 서포트를 하려고 한 것이었겠지만, 그 방식이 누군가에게는 받아들이기 힘들었을 수도 있다. 모든 선의가 호의로 받아들여지는 것은 아니다. 나와 선배와 상사로 이어지는 직장생활뿐만 아니라, 남편과 아내로 이어지는 가정생활 역시도 선의로 시작되었지만 호의가 되지 못했던 것처럼 이러한 일은 비일비재하다. 우리에게는 서로에 대한 이해가 필요한 것이다. 일방적인 것이 아닌 쌍방 간의 이해가 요구된다.

어쩌면 이 글 역시 공감하고 이해를 한다고 선의로 썼지만 읽는 이에게 나의 선의를 강요하는 글이 되었을 수도 있다. 역지사지(易地思之)의 마음으로 상대방의 입장에서 상대방이 원하는 방식으로 마음을 표현해주자. 그리고 왜곡됨 없이 받아들일 수 있도록 동의를 구했으면 좋겠다.

3

그래도 커피는 마시고 싶어

지금 이 글을 쓰는 내 옆에는 커피 한 잔이 놓여 있다. 우리나라 사람들의 커피 사랑은 유별나다. 남녀노소를 가리지 않고 커피를 즐기며, 빵을 먹든 밥을 먹든 후식으로 커피를 즐겨 마신다. 나 역시도 평소 일을 할 때나 사람들과 모여 수다를 떨 때나, 때로는 산책을 할 때도 내 옆에는 친구처럼 커피가 있다. 이러한 나의 커피 사랑은 대학 시절부터 시작되었다.

새벽부터 비를 뿌리던 하늘이 아침이 되자 언제 그랬느냐는 듯 맑게 개더니 화창한 날씨가 마음을 들뜨게 한다. 뉴스를 통해 하루가 다르게 전해지는 꽃소식에 잠시 마음이 흔들릴 법도 하건만, 나는 오늘도 묵묵히 대학교 도서실로 향한다.

내가 임용고시를 준비하며 공부할 때, 도서실 건물 입구에는 커피 자판기가 있었다. 공부하다가 엎드려서 자고 있으면 지나가던 친구가 툭 치며, 나가서 커피나 마시자고 했다. 공부한다고 앉아 있었지만 공부가 영 안 될 때도, 근처에 있는 친구에게 "커피 한잔 마실래" 하며 자판기 앞으로 데려갔다. 때로는 공부를 시작하기 전에 정신 차리려고 도서실 입구에서 자판기 커피를 한잔하기도 했고, 공부하려고 도서실 들어가려는 친구에게 나 잔돈 많다고 한잔 마시고 가라고 권하기도 했다. 점심 먹고 들어오는 길에도 도서실 입구에서 커피 한잔하며 수다를 떨기도 했다.

어느 날 저녁, 열심히 공부하는 친구를 커피 마시자고 방해하기가 미안해서 혼자 졸린 눈을 비비며 커피 자판기 앞으로 나왔다. 밀크커피를 뽑아 홀짝홀짝 마시며 그 날 처음으로 생각했다. 나에게 정신을 차리게 만들고 삶의 휴식과 여유로움을 함께한 도서실 앞 자판기 커피, 내가 꼭 너에게 선사하는 글을 언젠가 쓰고 싶다고. 지금 쓰는 이 글이 그 글일지도 모르겠다.

길거리에 한 집 건너 커피숍이 있는 요즘은 커피 자판기를 찾아보기도 힘들고, 거기에서 나오는 달달한 밀크커피를 즐기는 이도 많지 않다. 그래도 가끔 길거리에 놓여 있는 커피 자판기를 보게 되면 나는 예전 추억이 생각나서 밀크커피를 뽑아 마시게 된다. 어쩌면 추운 겨울날의 따뜻한 종이컵 밀크커피는 임용고

시를 준비하던 젊은 청춘에 대한 아련한 추억이었다.

내가 첫 발령을 받은 학교에서 영어 교과를 가르치는 교과전담교사가 된 적이 있었다. 따로 전담교실은 없고 교무실에 내 책상이 있어, 어쩔 수 없이 수업시간 이외에는 교감선생님과 같이 교무실에 있는 시간이 많아졌다. 초임교사로서 윗사람과 같이 한 공간에 있으려니 여러 가지로 신경이 쓰이는 게 사실이다. 그래서 교무실 안에서도 교감선생님과 최대한 먼 곳, 그것도 서로의 프라이버시를 지킬 수 있게 고개를 들었을 때 얼굴을 마주 보지 않을 수 있는 곳에 자리를 잡았는데 바로 싱크대 옆이었다.

그런데 꼭 자리 때문은 아니었고, 그때는 교무실에 손님이 찾아오면 교감선생님보다는 어린 내가 커피를 타는 것이 당연하다고 생각했다. 때로는 교감선생님께서 "김쌤, 우리 커피 한 잔 할까?" 하기도 하셨다. 커피 2, 프림 2, 설탕 2. 이것이 기본적으로 커피를 만드는 제조법이었다. 교무실에 누군가 찾아오면 물어보지도 않고 커피를 타서 갖다 드렸다. 때로는 나도 타서 먹으면서, 혼자만 마시기 그래서 교감선생님께도 타드렸다. 재료가 떨어지면 "교감선생님, 설탕 다 먹어 가는 데요?" 그러는 것도 내가 할 일이었다. 요즘이었으면 상상도 못할 일이고 갑질이라고 그러겠지만, 그땐 그랬다.

그렇게 커피는 내가 직장생활을 하면서도 계속 마셨다. 그 이후에는 노란 믹스커피, 우유 타서 먹기, 블랙 가루 커피, 아메리카노로 쭉 이어졌다. 이제는 원두커피를 즐기면서도 가끔 스트레스를 너무 많이 받은 날에는 달달한 믹스커피를 마시기도 했으며, 하루에 서너 잔을 기본으로 마셨다. 출근하자마자 1잔, 점심 먹고 1잔, 오후에 아이들 보내놓고 1잔. 때로는 동학년 선생님들과의 티타임에 1잔 더 마시고, 전담시간에 1잔 더 마시고, 집에 와서도 저녁 먹고 1잔 더 마셨다. 오후에 커피를 마시면 잠이 안 온다며 절제하거나, 속이 쓰려서 많이 못 마신다는 분도 계셨지만 나는 여전히 잠도 잘 잤고, 속도 쓰리지 않았다.

예전에 나를 진료한 어떤 한의사분이 내 위가 너무 건강하다고 말한 적이 있다. 지금 건강하기 때문에 더 조심해야 한다는 말로 경각심을 높여주었지만 별로 신경 쓰지 않았다. 건강 관련으로 내가 특별히 칭찬을 받은 적이 없기에 몇십 년 전의 일이지만 아직도 기억이 생생하다. 진짜 그랬다! 잠자리에 들기 전까지 커피를 들이부어도 잘 잤고, 너무 많이 먹어서 응급실에 갈 만큼 식탐이 많은 대식가였지만 나의 위는 잘 버텼다.

이제 학교에도 커피 머신이 있기에 출근하고 나서 원두커피 자판기를 누르면 맛있는 커피가 나온다. 아침을 거르고 학교에 오는 날이 많았지만, 학급교실로 가기 전에 빈속이라도 커피는 꼭 한 잔씩 마셨다. 가끔 속쓰림이 나타나고 신물이 올라오는 듯

했지만, 별로 심각하게 받아들이지 않고 그냥 스트레스 탓으로 돌렸다.

그러다가 염려되어 병원에 가면 위염이라고도 했고, 역류성 식도염이라고도 했다. 커피를 마시면 그 증세가 악화되는 것 같아, 속쓰림이 있을 때는 며칠 커피를 마시지 않고 위장약을 먹으며 버텼다. 그러면 곧 속쓰림은 괜찮아졌고, 나는 다시 커피를 마실 수 있었다. 그렇게 몇 번을 반복했다.

작년 겨울 무렵에 다시 속쓰림이 시작되었다. 속이 메슥거리기까지 했고, 위가 아픈 것도 같았다. 커피를 마시면 금방 위에서 신물이 올라와서 목이 뜨끔했다. 위가 부었는지 음식도 많이 먹을 수 없었다. 예전처럼 며칠 동안 커피를 마시지 않으면 괜찮아질 줄 알았는데, 이번에는 꽤 오래갔다. 한 달이 다 되어 가는데도 커피를 한 모금만 마셔도 금방 속이 쓰리고 메슥거렸다. 나이가 들어갈수록 이별하는 대상이 많아지긴 하지만 커피 너마저 이럴 줄은 몰랐다.

그 겨울 내내 나는 몇 번이나 시도했지만 커피를 마시지 못했다. 30여 년을 같이 지내며 반려식품이 되어버린 커피였다. 그런 커피를 두고 나는 커피 대체재를 찾겠다고 녹차도 마시고, 건강차도 마시고, 허브차도 마셔보았지만 오래가지 못했다. 정든 친구와 헤어져도 또 다른 좋은 친구를 사귈 수 있지만, 이상하게 커피는 그렇지 못했다. 도저히 잊기가 쉽지 않았다.

다음 해 3월이 되었지만 나는 여전히 커피를 마실 수 없었다. 그제야 덜컥 겁이 나기 시작했으니. 이젠 커피 걱정이 아니라 내 몸 상태를 걱정해야 했다. 예전에 한의사 선생님이 너무 건강해서 조심해야 한다고 했던 말이 생각났다. 너무 건강했기에 처음부터 조심하지 않았고, 언제까지나 이래도 되는 줄 알았다. 나는 위가 튼튼해서 평생 무엇이든 마음대로 먹을 수 있다고 생각했다. 하지만 세상에 영원한 것은 없었다.

다시 겨울이 다가오고 있다. 어제 함께 점심을 먹고 난 다음에 우리 반 아이들이 나에게 말했다.

"선생님, 믹스커피 몸에 안 좋아요. 끊으세요."

아직 어리기만 한 줄 알았는데, 선생님 건강까지 걱정해주는 아이들이 고맙고 대견하다.

아이들의 걱정처럼 이제 나는 다시 커피를 마신다. 지난여름부터 커피를 마셔도 속쓰림이 없어서 하루 한 잔씩만 조심해서 마시다가 제 버릇 남 못 준다고 요즘은 다시 예전처럼 마시고 있다.

그런데 여전히 건강이 걱정되는 만큼 지금껏 마셔온 커피를 마실지 말지를 이제 정말로 결정해야 했다. 커피를 마셔왔던 익숙함과 '이제는 커피를 마시지 않아요' 하는 낯섦 사이에서 나는 익숙함을 선택했다. 주변에서는 내 건강을 염려해서 다들 곧 적응할 거라고 낯섦을 선택해보는 것은 어떨까 조언하지만, 커피만큼은 그러고 싶지 않았다.

우리는 살면서 싫든 좋든 수시로 뭔가를 선택해야 하는 상황을 맞는다. 그때마다 어려운 결정 후에는, 마치 두 갈래 길에서 '가지 않은 길'처럼 선택되지 못한 것에 대한 미련이 남는다. 그럼에도 우리는 두 눈 불끈 감고 결단을 내려야만 할까? 하나만 선택하지 않고 그냥 공존하게 놔둘 수는 없을까? 최선의 선택을 해야 하는 것에 부담을 갖지 말았으면 좋겠다. 익숙함을 선택하든 낯섦을 선택하든 그것을 즐겼으면 한다. 낯섦은 낯섦대로, 익숙함은 익숙함대로 각각 나름의 매력이 있다. 물론 살짝 겹쳐서 시도해 봐도 더 매력이 있고.

커피 너마저 헤어질 수는 없기에 요즘 나는 커피를 조금씩만 마시려 노력하고 있다. 조금씩 마시면서 언제까지나 커피향이 있는 삶을 즐기고 싶다.

4

내가 살아가는 법

연세가 많으신 어르신들 가운데는 자신의 나이를 잘 모르겠다고 하시는 분들이 많다. 사실인즉 자신의 나이를 모르는 게 아니라 나이가 들면서부터 한두 살의 나이 차는 큰 의미가 없었던 때문이 아닐까.

그런데 나는 40대 후반부터 내 나이가 헷갈렸다. 공식적으로 제출하는 서류를 작성해야 할 때가 아니면 어떨 때는 48세, 어떨 때는 47세로 그때그때 생각나는 대로 말하기도 했다. 아무튼 이렇게 나이 감각이 없어서인지 다른 사람의 나이도 구별이 잘 안된다. 비슷한 또래 후배 선생님들 나이는 여전히 헷갈리고, 한 살씩 나이 차가 나는 동학년 3명의 선생님들의 선후배 관계는 1년 내내 헷갈렸다.

그나마 직장 내 선후배 관계가 나이순인 경우는 서로 대하는 것이 편했지만, 그렇지 않은 경우는 상대방을 대하기가 때로는 어렵기도 했다. 드라마에서 종종 볼 수 있는, 머리가 희끗한 나이 많은 부하 직원이 갑자기 발령받은 나이 어린 직장상사 앞에서 불편해하는 장면처럼 말이다. 아니 실제로도 과거에는 대부분 승진이 연공서열로 소위 호봉제를 바탕으로 이루어졌지만, 요즘은 변화와 혁신을 위해 나이를 파괴하는 인사를 단행하기도 한다. 실제로 2021년에 구인구직 플랫폼인 '사람인'에서 직장인 1,113명을 대상으로 나이 많은 부하 직원과 나이 어린 직장상사 중 누가 더 어려울까에 관한 설문조사 결과를 발표한 적 있다. 이때 54퍼센트의 사람들은 자신보다 어린 상사가 더 어렵다고 했고, 46퍼센트의 사람들은 나이 많은 부하 직원이 더 불편하다고 응답했다고 한다.

나는 지금껏 나이 어린 상사의 마음, 그러니까 나이 많은 부하 직원을 대할 때의 기분을 생각해본 적이 없었다. 이제까지는 그냥 학교 내 상사였던 교장, 교감선생님이 나보다 나이가 많았던 때문이었는지 관계가 물 흐르듯이 자연스러웠다. 대학에서 나보다 먼저 입학했으면 선배, 늦게 입학했으면 후배였던 것처럼 말이다.

그런데 올해 처음으로 그 나이 관계에 변화가 생겼다. 나보다 어린 교감선생님께서 우리 학교에 발령받아 오셨다. 예전에 내 옆 반 선생님은 자신의 후배인 교감선생님께 공개수업에 대한 평가를 받아야 한다고 무척이나 부담스러워하셨다. 같은 처지에 있던 또 다른 중년의 선생님들도 교감선생님이 내 후배니 내 동기니 하며 서로 인사를 나누는 것을 불편해하셨다.

그렇지만 나이를 그다지 의식하지 않았던 나는 나보다 어린 교감선생님의 나이를 부담스럽게 받아들이지 않았다. 교감선생님께서는 어떻게 생각하셨는지 몰라도 나는 나이와 상관없이 직급 관계로 생각해서 교감선생님을 대했고, 해결해야 할 일에 대한 조언을 구했으며, 교감선생님께서 우리 반 공개수업을 보시는 것도 불편하지 않았다.

그런데 시간이 흐르면서 보니 교감선생님께서는 내게 불편함이 있었던 것 같다. 나를 대하는 것과는 달리 교감선생님께서는 학교 내 여러 선생님들과 격의 없이 농담도 하시면서 편하게 학교 일을 의논하시는 것을 보고 나는 의아함과 동시에 반성을 하게 되었다.

'내가 다른 선생님들보다 편하지 못한가? 나한테는 굉장히 예의를 갖추어 어렵게 대하시는 것 같았는데, 혹시 나의 말투나 행동이 다른 사람에게 거리감을 느끼게 하나?'

이제껏 내가 상대방을 인정하며 가식 없이 편하게 사람들을 대한다고 생각했었는데 나의 착각이 아니었는지 스스로 의심하며 나의 인간관계를 돌아보았다. 그러다가 불현듯 떠오른 생각이 있었다.

'아, 내가 교감선생님보다 나이가 많구나!'

교감선생님께 나는 나이 많은 부하 직원이었던 것이다. 아마도 교감선생님도 앞의 '사람인' 설문조사의 46%의 나이 어린 상사들처럼 나이 많은 부하가 불편할 수 있겠구나 싶었다. 의도하지 않게 내가 불편한 사람이 되어버렸지만, 나도 의식하지 못한 나의 모난 성격 때문이 아니라 다만 나이 때문인 것 같아서 다행이란 생각이 들었다.

동시에 떠오른 생각이 '승진'이란 말이었다. 나이가 들어 경력이 어느 정도 되어갈 때쯤에는 "선생님은 승진 안 하세요?"라거나 "왜 승진 안 하세요?"라는 질문을 받곤 했다. 학교의 조직구조도 다른 직장처럼 피라미드 형태이다. 다만 상위직이 교장, 교감으로 직급단계가 비교적 간단하고 그 수가 현저하게 적다 보니 학교에서는 일반 교사가 대부분이다. 물론 그 일반 교사 중에는 승진을 위해 지금도 부단히 노력하고 있는 사람도 있고, 예전에는 노력했었으나 지금은 포기한 사람도 있고, 별로 승진에 관심이 없는 사람도 있고, 본인은 관심이 없었으나 주위에서 부추겨서 승진에 도전해볼까 망설이는 사람도 있을 것이다.

지금껏 나는 승진을 위해, 특별히 이런저런 점수를 계산하면서 필요한 점수를 모으기 위해 애쓴 적이 없었다. 그렇다고 아이들하고 지내는 것이 마냥 좋아서 승진은 생각하지 않고 즐겁고 행복하게 학급을 운영하려는 교육적인 소신이 있었던 것도 아니었다. 그냥 어쩌다 보니 여기까지 와버렸다. 그리고 가끔 나이 많은 일반 평교사로서의 허탈함과 위축감을 느낄 때도 있었지만, 피라미드 구조상 많을 수밖에 없는 주위의 동료 교사들을 보면서 다들 나와 비슷하려니 생각했었다.

몇 년 전, 옆 반 선생님께서 일주일간 출근할 수 없는 상황이어서 기간제 선생님이 오셨는데 그분과 종종 이야기를 나눌 기회가 있었다. 학교를 명퇴하시고 가끔씩 이렇게 기간제 교사로 학교에 오신다고 하셨다. 오후에 선생님께서 복도 창문을 닫고 계시길래 나는 이야기도 건넬 겸 복도로 나갔다.

갑자기 선생님께서 자신은 교감이 되기 위한 점수를 거의 다 모았는데 사는 것이 허무해져서 승진을 포기하고 명퇴를 하셨다고 말씀하셨다. 이어서 무엇인가 더 말씀하실 것 같아 기다렸지만 더 이상 말을 잇지 않고 그냥 말없이 퇴근하셨다. 무엇이 그 선생님을 허무하게 했을까? 왜 자신이 교감선생님이 되려 했다는 이야기를 만난 지 며칠밖에 되지 않는 나에게 할 만큼 허무했을까?

나 역시 아침에 출근해서 일하다가 저녁에 퇴근하는 일상의 반복이 때로는 다람쥐 쳇바퀴 돌듯 심심하고 재미없다고 생각한 적이 있다. 물론 그런 생각조차 하지 않고 그냥 묵묵히 열심히 살아간 적은 더 많았지만 말이다. 직업이 있는 일상이 얼마나 행복한 줄 아느냐고 말하는 사람도 있다는 것을 알기에 더 열심히 직장생활을 했다. 업무를 처리하기 위해 주말에도 나와 일을 했었고, 학부모님 민원을 해결하기 위해 밤늦게까지 전화 상담도 했었다. 교재 연구를 하다가 밤늦도록 전문서적과 인터넷을 찾아보기도 했고, 이런저런 연구대회에 참여해보기도 했었다. 게다가 점심시간조차 밀린 업무 메시지를 보며 일을 처리하면서 아이들의 급식지도까지 하느라 편하게 밥을 먹은 적이 없었다. 돌아보니 그동안 열심히 살지 않은 것은 아니었지만, 그렇다고 즐겁게 산 것은 아니었다. 그때그때 해야만 하는 일들을 나름 성실하게 해나가고 있었다.

그러다가 예전에 남들 따라 한두 편 글을 써놓고 방치해두었던 블로그에 우연히 접속했다가 다시 글을 쓰기 시작하게 되었고, 이것이 소소한 재미가 있었다. 글을 쓰는 일이 나의 가정생활과 직장생활에까지 활력을 주기 시작했다. 무엇인가 즐기는 일이 생기니 내 일상이 꽉 찬 느낌이 들었다. 이 재미를 알게 되니 나의 삶이 허무하다거나 뒤처진다는 생각이 줄어들었다. 게

다가 가끔씩 불쑥 들곤 했던 나이 많은 일반 교사로서의 허탈함과 위축감에도 든든하고 편안한 위로가 되었다.

승진을 하는 것, 그것 역시도 살아가는 한 방법이다. 그러나 나는 나만의 살아가는 법을 찾아 살고 싶다. 내가 좋아하는 것, 잘할 수 있는 것이 무엇인지 찾아보고 일단 시도를 해봐야겠다. 처음에 내가 블로그를 만들었던 것도, 글을 쓰기 시작했던 것도 무슨 깊은 뜻이 있었던 것이 아니라 그냥 부담 없이 시작했었다. 지금도 글을 잘 쓰는 것은 아니지만 그냥 쓴다. 계속 쓰다 보면 좀 나아지지 않을까?

잘하는 것이 없다고 고민하지 말고 무엇이든 끌리는 것이 있으면 시도해보면 좋겠다. 하다 보면 잘 하게 될 것이고, 설령 아무리 해도 잘 하지 못하면 또 어떤가? 내가 재미있으면 되지. 그렇게 소소하게 하나씩 즐길 거리를 늘려가 보자. '열심히 일한 자 즐겨라'라는 광고 카피처럼 열심히 일하며 즐길 거리를 찾고, 또 즐길 줄 아는 이가 더 열심히 살게 될 것이다. 나이와 상관없이, 퇴직과 상관없이 인생을 끝까지 즐기면서 살면 좋겠다.

5

교실에서 화장실까지의 거리

아이들은 똥이나 오줌 이야기를 곧잘 하면서 즐거워한다. 하지만 나이가 들어감에 따라, 심지어는 초등학교 고학년조차도 똥, 오줌 이야기는 대놓고 하지 않는다. 화장실에 다녀오겠다고 하지 오줌 누러 갔다 온다고 하지도 않고, 급하다고 하지 똥 싸겠다고도 하지 않는다. 그런데도 인체의 배설기관을 통해 나온 똥이나 오줌이란 말을 수업시간에 대놓고 하게 되는 날은 무엇인가가 배설되는 느낌이 드는지 다들 즐거워한다. 똥, 오줌이란 말만으로도 카타르시스를 느끼나 보다. 국어 시간에 이러한 똥, 오줌에 관한 시를 감상한 적이 있다.

뻥튀기 냄새에서 메밀꽃 냄새가 난다는 초등학교 교과서에 있는 동시는 아이들의 삶과 너무나 동떨어져 있었고, 심지어 중년이 되어버린 나의 삶에서도 메밀꽃 냄새를 맡은 적이 없었다. 그래서 수업시간에 아이들의 눈높이로 쓰인 어린이의 생활에 대한 동시 몇 편을 같이 읽고 감상하는 시간을 가졌다. 동시를 읽고, 마음에 드는 동시를 골라 작품 속의 주인공에게 답시를 써보자고 했다.

그 중 눈에 띄는 동시가 있었는데, 김개미님의 〈쉬는 시간에 똥 싸기 싫어〉이다. 제목부터 눈에 띄어서 그랬는지 아이들은 무척 흥미 있어 했다. 많은 아이들이 그 동시에 공감하며 자신의 경험을 이야기하기도 했다. 그 가운데 예진이는 자신의 마음도 그러하다면서 동시 속 화자에게 아래와 같이 답시를 썼고, 나는 거기에 댓글을 달았다.

– 중략 –

나도 쉬는 시간에 화장실 가기 싫어.

그래서 배가 아프면 걱정이 돼.

방명록 댓글 : 너희들만 그런 거 아냐. 선생님도 그래.

댓글에도 썼지만, 교사들에게 있어서도 새 학년을 맡아 교실 배정 시에 화장실 위치는 생각보다 중요하다. 화장실이 내 교실

바로 옆에 있다는 것은 쉬는 시간마다 시끌벅적한 아이들의 소음에 익숙해야 하고, 그 소음 때문에 수업 시작 시간은 못 지켜도 수업을 마치는 시간은 칼같이 지켜야 하며, 여름철에는 비릿한 냄새도 참아야 한다. 게다가 가끔은 아이들 물장난이나 화장실에서의 싸움을 중재해야 하는 부담도 있지만, 나는 화장실 옆 교실을 좋아한다. 교사가 수업시간에 살짝 갔다 오기로는 최적의 장소이기 때문이다.

교직원 화장실이 교무실 근처에 있긴 하지만 일반 교실에서 그곳까지 가는 것이 좀 멀다. 그렇다고 10분 쉬는 시간에 아이들과 같이 줄을 서서 화장실 갔다 오는 것은 왠지 부담스러워서 수업 중간에 아이들이 활동할 때 살짝 갔다 오기도 하지만, 나는 보통 아이들을 하교시킨 후에 화장실을 간다. 그것도 어떤 때는 학교 업무에 빠져 이것만 하고 가야지 하다가 종종걸음으로 화장실에 달려가기도 한다.

내가 평소 물을 안 마셔서 화장실을 자주 안 가는 건지, 아니면 화장실을 자주 안 가기 위해 물을 안 마시게 된 건지는 모르겠다. 원래 물을 잘 마시지 않았던 것 같기도 하고, 20여 년 이상을 그렇게 참다 보니 교직생활로 인한 부작용인 것 같기도 하다. 어찌 됐든 나는 다른 선생님들보다 소변을 훨씬 잘 참는 몸을 갖게 되었다. 나이 들면 화장실을 찾는 횟수가 많아진다지만 나는 그런 의미에서 나름 꽤 괜찮은 방광을 가졌다고 안도했다.

그런데 어느 날 오후에 소변을 보는데 찌릿한 기분이 들었다. 거기다 잔뇨감과 아랫배가 묵직한 기분까지. 계속해서 다시 화장실을 찾았고, 시간이 흐르면서 좀 덜 아픈 것도 같았다. 요로결석인가? 요로결석은 맥주를 마시면 좋다는 말을 들은 것 같아서 그날 저녁 맥주를 꽤 마셨다. 약으로 말이다.

하지만 그날 밤, 나는 술 냄새를 풍기며 응급실에 실려 갔다. 메스꺼움과 오한, 옆구리 통증, 거기다 약간의 혈뇨도 보였다. 인터넷을 검색해보니 방광염이 심해지면 신우신염이 된다는데 내 증세가 약 6시간 만에 급성으로 이미 신우신염이 된 것 같았다. 피검사까지 했으나 다행히 신우신염은 아니고 방광염이라고 했다. 항생제를 맞고 약 처방을 받아 새벽에 집으로 돌아왔다. 주말 오전이라 몸이 좋지 않다는 이유로 누워 있었는데, 수업시간에 활용하려고 사놓았던 〈쉬는 시간에 똥 싸기 싫어〉 시집이 보였다.

'나도 그렇긴 한데 그러다가 이렇게 됐다. 방광염 걸려보니 화장실 가는 거 불편하다고 참을 수가 없네. 갔다 오는 길에 다시 가고 싶고, 다시 가야 하고….'

재치 있고 솔직하게 써 놓은 동시는 어른마저 무장 해제시켜 솔직하게 만들었다. 생각지도 못한 방광염의 발병으로 수업 중에 화장실을 가고 싶어 하는 아이들의 마음을 이해할 수 있었다. 방광염의 원인이야 다양하겠지만 소변을 오래 참는 것도 이유가 될 수 있다고 한다. 화장실을 자주 안 가서 방광염에 걸린 것은 아니겠지만, 방광염에 걸려보니 별 게 다 신경이 쓰인다.

수업 시작하자마자 화장실 간다는 아이에게 갔다 오라고 하면서도 "쉬는 시간에 놀지 말고 화장실 좀 가자" 하며 잔소리를 덧붙였던 것, 친구들과 놀러 가서 여행지마다 화장실을 찾는 친구들에게 나는 괜찮다며 소변 참는 것 잘한다고 굳이 한마디 덧붙였던 것도 미안해진다. 일상에서 아무렇지도 않게 내뱉었던 말이 다른 사람의 입장을 생각하지 못한 것 같다. 옛말에 '말한 입은 사흘이나 들은 귀는 천 년'이라 한다. 상대방의 처지를 생각하지 않고 별 의미 없이 한 말이 상대에게는 오랫동안, 어쩌면 영원히 지워지지 않는 상처가 될 수 있다.

상대를 진정으로 존중한다면 그의 입장을 살피며 필요한 말만 했으면 한다. 동시에서처럼 어른들의 상념이 아니라 아이들의 생활을 이야기하듯이, 또는 일상에서 같이 동의해놓고 뒷말을 붙이지 않듯이 말이다. 상대를 배려하면서 말하고 듣는 삶을 살기를 소망한다.

처방해온 약을 다 먹어갈 때쯤 다시 병원에 갔다. 소변검사와 피검사를 하고, 의사 선생님과 같이 검사 결과가 뜬 모니터를 보면서 상담을 했다.

"이제 안 아프면 안 오셔도 됩니다. 물을 많이 드시고요. 하루에 2리터, 적어도 1리터는 드셔야 합니다. 그런데 요산수치가 상당히 높은데 혹시 통풍이 있나요?"

헉, 그럼 다음은 통풍? 안 돼!

6

내가 운동을 하지 않았던 이유

운동의 중요성은 아무리 강조해도 지나치지 않는다. 특히 중년의 운동은 건강한 노년기를 예측하는 바로미터이기도 하다. 중년에 접어든 나는 다양한 질병의 이름과 원인, 심지어 예방법까지 알아보기도 했지만, 그동안 운동의 효과는 등한시했다. 다시 말해 질병을 이겨낼 실천 방법인 운동보다는 그 질병이 어떤 것인지 아는 것에만 집중했다. 그리고 이것은 학교에서 아이들을 가르칠 때도 영향을 끼쳤다.

나의 관심 분야인 과학 과목의 인체 단원을 배울 때면 아이들과 항상 하는 것이 '건강박람회'였다. 교육과정의 변경으로 인해 어느 해는 5학년과 같이 하고, 어느 해는 6학년과 같이 하기도 했지만, 나는 항상 이 단원의 도입 때 건강의 중요성과 더불어 마지막 시간에는 건강박람회를 하겠다고 예고한다. 그러면서 각자 발표할 질병과 증상, 원인, 치료, 예방법 등을 수업 중에 미리미리 준비하라고 일러둔다.

아마 내가 여러 가지 질병을 경험하며 살다 보니 건강에 대해 관심이 많고, 그만큼 건강을 중요하게 생각하기 때문이 아닐까 싶다. 우리 반 아이들 역시도 선생님을 따라 부쩍 건강에 관심이 많았다. 아이들은 과학 시간에 배운 수많은 장기와 관련된 다양한 질병과 증후군을 건강박람회를 통해 발표했는데 우울증, 손목터널증후군, 암, 디스크 등 다양한 질병이 등장했다. 아이들은 자신의 가족이나 친척이 앓고 있는 질병이어서 관심이 생겼다는 말을 했었고, 내가 앓고 있는 하지정맥류도 그때 누군가 발표했었다.

하지정맥류는 다리에서 심장 쪽으로 올라오는 혈액이 역류하면서 정맥이 늘어나 푸른색 핏줄이 보이거나 돌출되어 보이는 것으로, 미관상 보기 싫은 것뿐만 아니라 다리가 무거운 느낌이 나고 쉽게 피곤해지며 새벽에 종아리가 저리거나 쥐가 나서 잠을 설칠 수 있다. 오랫동안 서 있거나 앉아 있는 직업을 가진 사람들에게 많이 나타나며, 여기에 교사가 포함된다. 나 또한 이 질병을 피해갈 수 없었다.

사실 나는 직업상의 특성뿐만 아니라 운동 부족과 과체중까지 있어 더욱더 원인을 제공하고 있었다. 예전부터 나는 친구들과 등산을 가면 언제나 혼자 뒤처졌고, 도보 여행을 가도 빨리 걷지 못하고 발가락에는 쉽게 물집이 잡혔다. 너무 피곤했고, 다리가 천근만근이 되었다. 처음에는 심폐지구력이 부족해서 등산이 힘들다고 생각했고, 평발이어서 빨리 걷지 못한다고 생각했으며, 운동 부족이어서 조금만 걸어도 피곤하다고 생각했다. 다리에 푸른 핏줄이 보이기는 하지만 돌출되지는 않았기에 하지정맥류가 원인이 될 수 있을 것이라고는 생각지도 못했다.

그런데 어느 날, 학교에서 하지정맥류 수술을 하고 오신 선생님과 이야기를 하는데 근래의 내 증상과 많이 비슷했다. 게다가 며칠 동안 다리에 쥐가 나서 잠을 설친 기억이 나를 더 미루지 않고 하지정맥류 병원을 찾게 만들었다. 검사를 받아보니 양쪽 다리 모두 하지정맥류가 있다고 했다. 무엇보다 이 질병은 혈관 속 판막이 손상당한 것이어서 자연적으로 치유가 되는 것이 아니니 수술을 해야 한다면서, 다리가 엄청 무거웠을 텐데 괜찮았냐고 물으셨다.

사실 지금껏 늘 이렇게 살아서 그렇기도 하지만, 원래 이러려니 하며 심각하게 인식하지 못하고 살아왔다. 게다가 내가 병원을 찾은 이유인 밤마다 다리에 쥐가 나서 잠을 제대로 잘 수 없다는 증상은 꼭 하지정맥류로 인한 것은 아니라 했다. 무엇보다

500만 원이 넘는 양쪽다리 수술비가 쉽게 결정을 하기에는 부담이 되어 당장 수술은 하지 않고 압박붕대만 받아서 나왔다. 그것이 벌써 7~8년 전의 일이다.

문제는 이것 때문이었는지 조금만 움직여도 아프고 힘들어서 나는 운동을 하지 않았고, 또 운동을 하지 않아서 이런 증상이 더 고착되고 심해져서 조금만 움직여도 아프고 하니 힘든 악순환의 연속이었다. 이런 반복된 일상은 시간이 흐를수록 운동을 힘들어 하고 내키지 않아 하는 내 성향이 되어갔고, 나는 웬만해선 운동을 즐기지 않았다. 설상가상으로 코로나19 팬더믹은 모든 사람들에게 운동을 최소화하며 집에 있게끔 했고, 나는 더욱더 운동과 멀어지고 있었다. 그러면서도 건강 걱정은 했다. 단지 걱정만 했다.

걱정 속에서도 어김없이 시간은 흐르고, 계절이 바뀌어 으슬으슬 추운 겨울이 다가왔다. 추워지면 관절 부위는 더 아픈데 내가 앓고 있는 오십견도, 하지정맥류도 모두 근육과 혈관을 더 뻣뻣하게 만드는 것 같았다.

문득 '관절이 아픈 걸 보니 겨울이 오나 보다' 혼잣말을 하며 멍하니 창밖을 바라보다가 여름이 끝나갈 때쯤에는 겨울이 오기를 기대한다는 친구의 말이 생각났다. 그 친구는 자신의 아이들에게 수영과 스키를 배우게 한다고 했다. 수영을 할 수 있기에 여름이 오는 것을 반기고, 스키를 탈 수 있기에 겨울이 오기를 기대한다면 아이들이 얼마나 사는 것이 재미있고, 계절이 다가오는 것이 즐겁겠냐고 덧붙였다. 움직이면 피곤하다는 이유로, 조금만 걷다 보면 다리가 천근만근 무거워서 주저앉아 눕고 싶다는 이유로 운동을 멀리하던 나에게는 당시 그 친구의 이야기가 나하고는 상관없는 이야기로 들렸다.

그런데 오늘, 나도 계절의 변화를 온몸으로 느끼며 지금부터라도 좀 더 재미있고 활기차게 살고 싶다는 생각이 들었다. 운동을 해볼까? 계절에 맞는 다양한 스포츠가 있겠지만 우선 지금이라도 손쉽게 할 수 있는 것이 걷기 운동일 것이다. 그동안은 걸으면 피곤하다고 움직일 생각조차 않았는데, 아직은 성큼성큼 걸을 수 있다는 사실에 감사하며 많이 걸어봐야겠다.

봄에는 매화, 목련, 개나리 같은 봄꽃을 찾아다니고, 여름에는 오래된 친구들과 도보 여행을 다니며 밤새 수다 떨고, 가을에는 산속 휴양림이나 펜션에 머물며 단풍 사잇길로 새벽 산책을 하고, 겨울에는 포장마차에서 익어가는 조개구이를 먹으러 가고 싶다. 이렇게 돌아다니면서 하루하루 색이 바뀌어 가는 나뭇잎과 그러한 계절의 변화를 넉넉히 품을 줄 아는 동네의 풍경 속에서 감탄하며 살고 싶다.

종아리 근육은 제2의 심장이라고 할 만큼 중요하고, 종아리 근육이 발달하면 하지정맥 증상에도 도움이 된다고 한다. 심장에서 나오는 동맥혈은 심장이 수축하는 강한 힘에 의해 온몸에 빠른 속도로 전달되는 한편, 온몸을 돌아 다시 돌아가는 정맥혈은 주변의 근육이 수축하고 이완하는 힘에 의해 중력을 거슬러서 아래에서 위로 이동한다고 한다. 이때 혈관 속 판막이 심장 쪽으로 가게끔 도와주는데, 그것이 손상되어서 더 이상 쭉쭉 올라가지 못하고 정체되며 혈관이 돌출되는 것이다.

그러고 보면 하지정맥류가 우리 인생 같다. 태어나서 젊을 때는 세상 곳곳을 힘차게 돌아다니다가 이제 세월이 흘러 다시 있던 곳으로 돌아오고자 하는 것이 중년과 닮았다. 그러기에 중년의 시기에는 마음껏 도전하고 뻗어 나가던 젊음의 기운을 간직한 채 이제는 인생의 전환점을 돌아 자신의 내면에 집중하며 근본을 찾으려는 노력이 필요하다.

이제 나는 손상된 판막을 도와주는 운동으로 이 중년의 힘듦을 잘 넘겨보고 싶다. 언젠가 수술을 해야 할 상황이 오면 담담하게 받아들이면 되겠지만, 지금은 주변 종아리 근육의 도움을 받아 손상된 곳을 덧대어가며 살아가야겠다.

7

아이들 속에서 나를 만난다

세상 살아가는 일이 다 그렇다지만, 다양한 사람이 함께 근무하는 직장에서도 속상한 일이 있을 때가 있다. 그런 날은 퇴근 후에 그대로 가정으로 돌아가 혼자 끙끙대는 것보다는 마음 맞는 사람들과 모여 그 속상했던 일을 안주 삼아 술 한잔하는 것이 때로는 필요했다. 속마음을 툭 터놓고 이야기를 하다 보면 생각보다 별 것 아닌 것이 되기도 하고, 그렇게 스트레스를 날리고 좀 더 가벼워진 상태로 집으로 돌아가는 것이 나 자신에게도 훨씬 좋았다.

토요일 아침, 느지막이 눈을 떴는데 속이 쓰리다. 어제 마신 술 때문인가 보다. 겨우 정신을 차리고 보니 어제 내지 못했던 모임 회비가 생각났다. 인터넷뱅킹으로 총무에게 보냈더니 금방, 즐거운 주말 보내라는 메시지가 왔다.

"쌤도 즐거운 주말 보내요~ 그런데 너무 오랜만에 술을 마셔서인지 속이 너무 쓰려요."

"어제 몇 잔 마시지도 않았는데 무슨 소리예요?"

그러고 보니 어제는 많이 마시지 않은 것 같다. 술 때문이 아니라면 신경성 스트레스 때문인가? 그래, 어쩌면 어제 학교에서 있었던 일 때문인지도 모르겠다. 술자리에서는 카리스마 뿜뿜 넘치는 교사의 웃픈 현실이라며 별일 아닌 듯이 이야기했었지만, 그 일이 계속 신경 쓰였나 보다. 무딘 성격의 나는 종종 머리로는 인식하지 못했으나, 두드러기가 난다든지 머리가 아프다든지 또는 속이 답답하다든지 몸이 먼저 알아차렸다. 이렇게 몸의 반응을 보고 내가 스트레스를 받고 있음을 나중에 알기도 한다.

올해 내가 6학년 부장을 맡고 나니 우리 반 아이들뿐만 아니라 6학년 전체 아이들의 생활지도와 교우관계가 신경이 쓰였다. 아이들이 복도에서 너무 많이 떠든다는 이야기라도 들린다면 학년부장인 내가 생활지도를 잘 못한 때문일 것만 같았다. 그래서 아침시간에 가끔 복도를 오가며 아이들을 지도하는 등 학년부장의 역할에 맞게 나름 신경을 쓰고 있었다. 그 때문인지 학년 초에는 복도에서 장난치고 시끄럽게 떠드는 아이들을 거의 볼 수 없었다.

그런데 얼마 지나지 않아 복도가 소란스러워지기 시작했다. 처음에는 다른 반으로 헤어진 친구들을 만나 수다를 떠는 정도였다면, 이건 등교하자마자 교실에 가방을 던져놓고 나와서 웃고 떠들고 장난치는 아이들로 인해 복도가 운동장이나 다를 바 없었다. 그대로 방치해두었다가는 무슨 일이라도 일어날 것만 같았다.

아침 시간의 학습 분위기를 조성하기 위해서라도 나는 가끔씩 6학년 교실이 있는 복도와 계단을 돌아다니기 시작했다. 교실로 들어가라거나 떠들지 말라는 말을 하는 대신 그냥 옆에 가서 아이들을 조용히 쳐다보기만 했다. 그러면 아이들은 눈치를 보며 다들 슬금슬금 각자 자기들 교실로 들어갔다. 그렇게 시끄러울 때마다 나가서 쳐다보는 것만으로도 효과가 꽤 괜찮았다. 입이 아닌 눈빛으로 말하는 카리스마가 있음에 나름 스스로 만족하고 있었다.

그런데 어제 아침은 계단과 복도가 너무 시끄러웠다. 나가봤더니 평소보다 훨씬 많은 아이들이 복도와 계단에 나와 있었다. 그뿐만이 아니라 커다란 유니콘 모양의 풍선이 둥둥 떠다니고, 몇몇 아이들은 커다란 선물을 들고 이리저리 돌아다니고 있었다. 구경하는 아이들까지 한껏 들떠서 축제처럼 마냥 신나 있었다. 무슨 일이냐고 옆에 있던 아이에게 물으니, 자신도 누군지는 모르겠지만 오늘이 어떤 아이의 생일이라고 했다.

"도대체 누구 생일인데? 걔가 누군데 아침부터 이렇게 난리야?"

갑자기 들려오는 선생님의 화난 목소리에 아이들은 슬슬 눈치를 보며 자기 반 교실로 들어가기 시작했다. 유니콘 풍선을 들고 복도에 홀로 남아 있던 여학생이 나에게 다가와 지금의 상황을 설명했다. 친구 경희의 생일을 축하해주기 위해 자신이 아침에 일찍 와서 풍선을 그 친구의 자리에 올려두었는데, 교실에 풍선이 있는 것을 보고 신이 난 아이들이 풍선을 들고 밖으로 몰려나왔다는 것이다. 그 풍선을 서로 뺏고 뺏기지 않으려고 도망치는 아이들로 복도가 시끌시끌했다고 한다.

그때까지만 해도 나는 아침부터 시끌벅적하게 모여 있는 아이들의 해산이 목적이었고 일을 크게 벌일 생각도 없었기에, 조용히 말하고 끝낼 생각이었다.

"이때까지 한 번도 이런 일이 없었는데 유독 이번에만 아이들이 아침부터 계단과 복도에서 생일 축하를 해주니 선생님은 혹시 생일인 아이가 학교 짱이라서 아이들이 이렇게 축하해주는 것은 아닐까 하는 생각이 들었어. 만약 오늘이 생일인 또 다른 아이가 있었다면 그 아이는 기분이 어떨까? 다른 친구의 마음도 생각하며 오늘 오후에 따로 만나서 축하해줘라."

그렇게 마무리를 지으려는데, 그 학생이 간절한 눈빛으로 내게 자신의 상황을 좀 더 이야기하고 싶다고 말했다. 그리고 두서없는 이야기가 끝도 없이 계속되었고, 5살 때부터 친구였던 이야기에서 오늘 아침 상황까지를 나는 인내심을 갖고 다 들어주어야 했다.

"정말 친한 친구이구나. 처음으로 생일이벤트를 해준 것인데 속상하겠다. 선생님이 미안하네. 오후에 따로 만나서 축하해주면 그 친구도 좋아할 거야. 이렇게 서로 축하해주는 친구가 있어서 부럽네."

이렇게 공감의 말로 마무리를 하려는데, 그 아이가 갑자기 눈물을 흘렸다. 좀 더 상담이 필요할 것 같아서 다시 조용히 이야기를 들어주었다. 얘기인즉, 자신은 매번 선물을 주는데 그 친구는 말로만 축하해준다고 했다. 지금 그것이 많이 속상한 모양이다. 내가 이야기를 들어주면서 맞장구쳐주고 공감해 주었더니 어느 정도 진정이 되는 것 같았다.

그렇게 가슴 속에 든 이야기를 풀어내 놓은 아이의 표정이 한결 밝아졌다. 아이가 풍선을 들고 교실에 못 들어가겠다고 해서 내가 맡아둘 테니 쉬는 시간에 와서 가져 가라며 아이를 교실로 보냈다.

그런데 이 일이 여기에서 그치지 않았다. 이날 의도하지 않게 복도에서 아이와의 상담이 길어지고 아이마저 눈물을 흘리다 보니, 생일이었던 아이는 자신 때문에 친구가 오랫동안 선생님께 붙들려서 복도에서 혼나고 있다고 생각했는가 보다. 옆 반 선생님께 들어보니, 그 시간에 생일인 아이도 교실에서 울고 있었다고 한다. 그리고 생일이었던 이 아이 부모와는 며칠 전에 친구들과의 교우문제로 자신이 전화 상담을 했고, 좀 더 주의 깊게 살펴보겠다고 부모님을 안심시키면서 상담을 마쳤다는 이야기를 덧붙였다.

어째 일이 점점 커지는 느낌이 들었다. 먼저, 동학년 선생님들도 이 상황을 궁금해할 것 같아서 아침 상황에 대한 설명 메시지를 보내드렸다. 그리고 서로 반이 다른 두 아이를 점심시간에 내게 보내달라고 아이들의 담임선생님들께도 부탁드렸다. 내가 시작한 일이니 아무래도 내가 마무리지어야 할 것 같았다.

이윽고 점심시간이 되니, 서로 다른 이유였지만 아침부터 똑같이 울었던 두 친구가 웃으면서 손잡고 우리 반 교실로 들어왔다.

"좋겠다. 너희는 이런 친구가 있어서."

그들 또래들이 관심 가질 만한 이런저런 이야기를 나누다가, 이미 둘의 관계를 알고 있었지만 모르는 척 슬쩍 물었다.

"오늘처럼 서로 생일 선물을 주고받으며 축하를 해준 지 오래

됐니? 주로 무슨 선물을 주니?"

친구가 주는 선물을 받기만 한다는, 오늘 생일이었던 아이가 조금 머뭇거리더니 입을 뗐다. 선물을 주고받을 때도 있었고, 선물 없이 그냥 넘어갈 때도 있었고, 그때그때 달랐다고 했다.

"그렇구나. 선물이나 생일이벤트도 좋겠지만 서로 주고받는 마음이 담긴 편지도 좋겠다."

그러면서 혹시나 오늘 생일이었지만 생일 축하를 받지 못하는 아이들도 있을 테니 그 아이들의 마음도 생각해주면 좋겠다고 말해주었고, 가만히 듣고 있던 아이들도 고개를 끄덕였다.

"아침에 미역국은 먹었니?"

상담을 마무리 지으며 내가 별 의미 없이 한 마디 불쑥 던졌더니, 생일인 친구가 갑자기 눈물을 흘리기 시작했다.

'이런, 뭔 일을 마무리만 하려면 울어?'

무슨 서러움이 북받쳐오는지 아이는 울음 섞인 목소리를 늘어놓았다. 옆에 있던 친구가 울먹이는 친구의 손을 꼭 잡아주었고, 나는 마음을 가라앉히며 아이의 이야기를 들어주어야 했다. 그리고 아직 미역국을 먹지 못했다는 아이를 달래줬다.

"부모님께서 아침에는 출근하신다고 바쁘시니까 오늘 저녁에 생일 축하를 해주시려는가 보다. 아침 시간은 좀 바쁘잖아. 섭섭하겠지만 이해해드리자. 선생님도 바빠서 오늘 아침밥 못 먹고 왔어."

친구가 옆에 있어 그나마 나았다. 차츰 아이가 진정되어간다. 아침에 나에게 맡겨 두었던 유니콘 풍선을 주며 직접 친구에게 전해주라고 했다. 선물 전달식으로 다시 웃는 아이들이다.

"잘 가라, 선생님과 이야기하고 싶을 땐 언제든지 와라, 생일 축하해~"

아이들이 우리 반 교실을 나설 때까지 나는 손을 흔들어 주었다. 그렇게 두 아이를 보내놓고, 눈빛만으로도 아이들을 조용하게 만들 수 있다고 생각했던 자칭 카리스마 있는 부장교사는 의자에 털썩 주저앉아 버렸다. 아침부터 시작된 일이 이제야 마무리가 된 것 같아 안도감이 드는 한편으론 괜한 걱정이 들기도 했다.

'에구, 우리 반 아이들의 교우관계를 챙기기도 힘든데 다른 반 아이들의 교우관계라니…. 그나저나 혹시 민원 들어오려나? 담임선생님도 아닌 다른 반 교사가 하필 며칠 전에 교우관계가 걱정이어서 학부모 상담까지 한 아이의 생일이벤트 때문에 아침부터 애를 울렸다고?'

그날 오후, 아이들을 집으로 돌려보내고 난 후에 혼자 빈 교실에서 정리정돈을 하다가 문득 '월권'이라는 단어를 떠올렸다.

'오늘 내가 혹시 다른 선생님들께 월권행위를 한 것은 아니었

을까?'

학년부장으로서 나는 아이들의 일은 어떡하든 혼자 해결해보려고 노력했지만, 같은 교사들의 입장이나 생각은 물어보지 못했다. 결자해지(結者解之)라는 말처럼 내가 저지른 일을 내가 풀어야겠다고 생각했지만, 담임선생님 입장에서는 자기 반 아이를 학년부장이 오라 마라 한다고 마음이 불편하지는 않았을까?

다들 아시겠지만, 초등학교에서는 선생님들이 학습자료는 가끔 공유하지만 다른 반 수업이나 활동에 대해서는 서로 크게 관여하지 않는다. 각반마다 서로 다른 나름의 학급 운영을 서로 인정해주는 분위기이다. 그것에 대해 이래라저래라 하지 않는 것이 예의이기도 하다. 나 역시 다른 학급의 활동에 잘 관여하지 않았다.

그런데 내가 학년부장이 되고 나니 그 자리가 불편하다. 초등학교에서는 동학년 단위로 학년 일이 운영되지만 담임선생님들은 다들 교장, 교감이 아닌 일반 교사로 직급이 동등한 관계이다. 그렇기에 딱히 학년부장이라고 특별한 것은 없고, 그냥 회의 내용을 전달하거나 학년 의견을 모아서 학년 대표로 말하는 정도이긴 한데, 그래도 어디까지를 학년부장이 신경 써야 할지 그 경계가 모호하다.

자리가 사람을 만든다고 학년부장이 아닐 때에는 생각하지도 못한 학년 운영까지 신경이 쓰인다. 내가 초임교사였던 예전에는 부장선생님이 가끔 복도에서 아이들 군기도 잡고 했었는데 요즘은 언감생심이다. 예나 지금이나 아이들은 생각보다 교우관계를 힘들어 하고, 계단과 복도에서 몸싸움이나 말싸움도 자주 일으키며, 뛰어다니다가 부딪쳐 다치기도 한다. 그래도 명색이 학년부장인데 참견하지 않고 보기만 해서는 안 될 것 같아서 요 며칠 내가 나서서 적극 아이들을 지도했었는데, 막상 이번 일을 겪고 나니 이래저래 걱정이 드는 것도 사실이다.

어디서나 소모임의 대표는 쉽지 않다. 크게 하는 일도 없는 것 같지만 이래저래 신경은 쓰이고, 그러다 보니 오늘 같은 일을 겪고 나서 혹시 월권이 아니었던가 고민도 하게 된다. 젊은 사람들이 봤을 때 나는 꼰대였을 수도 있다. 아이들은 '우리 반 선생님도 아닌데 왜 나서지?'라고 생각할 수 있고, 같은 학년 선생님들에게는 '자기 학급 일도 아닌데 왜 나서서 이래라저래라 하느냐?'며 지나친 월권이라고 생각할 수도 있다.

완장을 차면 사람이 달라진다는 말이 있는 것처럼 나 역시 학년부장이란 완장을 갖게 되니 이에 어울리게 행동해야만 할 것 같았다. 자리가 사람을 만들기도 하지만 사람을 망치기도 한다. 완장의 힘을 등에 업고 경거망동해도 안 되지만, 무기력하게 아무것도 하지 않아도 안 된다.

어쩌면 우리는 선생님이라는 완장, 부모라는 완장, 어른이라는 완장처럼 각각의 역할에 맞는 완장을 차고 있는지도 모르겠다. 그래도 선생님인데, 그래도 부모인데, 그래도 어른인데 어떻게 가만히 있을 수 있느냐는 말을 하는 순간 우리는 완장의 역할을 느끼고 있는 것이다. 그 완장에 휘둘리지 않고 주어진 역할이 무엇인지 명확히 알고, 그에 맞는 역할을 충실히 해내기 위한 노력이 필요하다.

그렇다면 나는 오늘 완장을 차고 월권행위를 한 것일까? 학년부장으로서, 아니 나이 많은 교사로서 학년 운영을 제대로 한 것일까? 여전히 속이 쓰리다. 제산제 먹고 위벽을 도포하듯, 시간이 지나면 나의 고민도 도포될 것이다. 도포만 될 것이다.

나는 꼰대였을까?

8

단톡방에 혼자 남은 이유

현대인들의 필수품이 된 '스마트폰'은 사실 역사가 그리 오래 되지는 않았다. 2007년에 아이폰이 출시되었고, 2010년에 한국 최초의 스마트폰이 출시되었다고 하니 스마트폰의 역사는 채 20 년이 되지 않는다.

그러나 그 짧은 기간 동안 스마트폰은 우리들의 삶을 확 바꿔 놓았는데 이것은 아이들에게도 마찬가지였다. 요즘의 아이들은 스마트폰으로 소통하고 공부하며 놀이의 수단으로 사용한다. 초 등학교에 입학할 때만 해도 스마트폰이 없는 아이들이 대부분이 지만, 졸업할 때는 스마트폰 없는 학생은 찾아보기가 쉽지 않다. 그렇지만 나는 초등학교 3학년 아이들이 스마트폰으로 우리 반 단톡방을 개설하리라고는 생각지도 못했다.

"강정훈님이 김지은님을 초대하였습니다."

느긋한 주말 오후에 휴대폰에서 알람이 울려 보았더니 내가 우리 반 단톡방에 초대가 되어 있었다.

'헉! 애들이 선생님한테 무슨 할 말이 있나? 애들이 자기들 단톡방에 나를 초대할 만큼 나를 편하게 여겼나? 그런데 초등학교 3학년 우리 반 아이들에게 학급 단톡방이 있었다고?'

코로나19 이후 온라인 학급 운영과 연락 관련으로 단톡방을 이용하는 학급도 있지만, 보통의 학급에서는 초등학생의 단톡방은 개설하지 않았으면 하는 분위기이다. 어른들이 보기에는 의미 없는 대화, 하루 300여 개 이상의 시도 때도 없이 울리는 알람, 그리고 사이버 언어폭력이나 '은따'가 발생할 수 있기에 단톡방의 부작용이 먼저 보였다.

나는 단톡방에 초대는 되었지만 '얘들아, 안녕'이라고 인사하기는 당황스러워서 일단 화면만 응시하고 있었다.

"야, 누가 선생님을 초대했는데?"

"진짜 선생님이야?"

"선생님, 안녕하세요?"

아이들은 저마다 메시지를 보냈고, 마지막에 정훈이의 메시지가 보였다.

"우리 반 단톡방이라고 해서 내가 초대했는데…."

상황을 보니 우리 반 단톡방이 얼마 전에 생겼고, 아이들은 전화번호를 아는 친구들을 서로서로 초대했다. 순진한 정훈이는 우리 반 단톡방이니까 담임선생님을 초대한 것인가 보다.

'까불고 장난을 많이 쳐서 나에게 잔소리도 많이 듣는 아이인데 그래도 선생님을 먼저 생각해주고…. 의리는 있구먼.'

그렇지만 난 마치 어른 금지구역에 온 것처럼 단톡방에서 숨소리조차 내지 않았다. 내가 답변이 없으니 선생님의 존재는 아이들에게 서서히 잊혀져 갔고, 아이들은 의미 없는 이야기를 시작했다. 그렇게 나는 잊혀진 줄 알았다.

"지금 뭐해?"

"운동."

"자니?"

"말 좀 해."

"내가 딴 방 팔 테니까 그쪽으로 와."

20대 한창 물 좋은 클럽에 부스스한 50대 아줌마가 들어온 꼴이었다.

'이건 또 무슨 소리? 내가 들어오고 싶어서 들어온 것도 아니고, 나도 갑자기 생각지도 못한 곳에 들어와져서 나 또한 당황스럽다고.'

방을 새롭게 판다는 아이는 우리 반에서 정말 상냥하고 약간은 수줍음이 있는 모범적인 여학생으로 나에게 와서 조잘조잘 말도 자주 하던 아이였는데, 그래도 아이들은 나와 같이 있는 것이 불편했나 보다. 시도 때도 없이 울리던 알람음은 드문드문 울렸다. 그렇게 아이들은 서서히 말을 하지 않았고, 하나둘씩 나가기도 하고…. 어느 때부터 내가 있던 우리 반 단톡방은 더 이상 인기척이 나지 않았다.

별것 아닌데, 아니 어쩌면 당연한 것인데 텅 빈 방에 혼자 남아 있는 듯한 그 느낌에 쓸쓸했다. 초등학교 교사는 다른 직장인과는 달리 아이들이 하교하고 나면 텅 빈 교실에서 혼자 일한다. 가끔 동학년 선생님 모임이나 직원회의 등도 있지만 거의 매일 1~3시간을 혼자서 교실 정리하고, 업무 처리하고, 수업 연구를 한다. 그러다 보니 어떨 때는 내가 빨간 원피스를 입고 와도 우리 반 아이들 이외에는 아무도 몰랐고, 배가 아파서 혼자 움켜쥐고 있다가 조퇴해도 아무도 몰랐다. 재미있는 일이 있어도 혼자 웃고, 화나는 일이 있어도 혼자서 화내고 말았다. 좋든 싫든 그 스트레스를 오롯이 혼자서 감당했다.

동학년 선생님들의 모임이 있었지만 젊은 교사 시절의 나에게는 환영받지 못했다. 아이들에게는 교류와 소통의 중요성을 강조하지만 정작 나에겐 그럴 시간과 마음의 여유가 없었다. 업무 처리하랴 수업 연구하랴 바빠 죽겠는데 동학년 모임이 있다고 모이라고 하면 부담이 되었다. 게다가 동학년 모임을 하면 학급경영이나 수업에 대한 이야기보다는 자식 이야기며 부동산 이야기, 어디 놀러 갔다 온 이야기, 음식 이야기를 주로 했다. 그래서 나는 해야 할 일이 있다면서 일찍 나오곤 했다.

그땐 외롭지 않았다. 학교 밖 다른 친구들과 모임도 있고, 학급 아이들은 젊은 선생님을 친구처럼, 언니처럼 좋아했다. 아마 그때였으면 내가 학급 단톡방에 아이들을 초대했을지도 모르겠다. 그런데 어느덧 세월은 흘러 중견교사가 된 지금, 아이들은 내 책상 주위에 오지 않는다. 예전에는 쉬는 시간이나 점심시간에 몰려오는 아이들이 내 책상을 점령하고 내 슬리퍼를 자기 실내화랑 바꾸었고, 나에게 와서 먼저 장난을 쳤으나 지금은 아무도 그러지 않는다. 40대 초중반에는 나에게 오지 않는 아이들을 보며 올해 우리 반 아이들은 자기들끼리만 논다고 투덜거렸다. 그러나 이제는 더 이상 투덜거리지 않는다.

생각해보니 그때는 내가 중년으로 넘어가는 과도기였다. 절대로 나이를 밝히지 않았지만 아이들은 이미 그들만의 촉으로 같이 장난치기에는 담임선생님이 부담스러운 나이라고 느꼈고, 나는 내가 늙어가고 있는 중임을 인지하지 못했을 뿐이다. 그 관계를 개선해보겠다고 아이돌 멤버의 이름도 외우고, 가끔 옷도 귀엽고 활기차게 입고 출근했으며, 요즘 아이들이 쓰는 줄임말도 공부했다. 자연스럽게 알게 된 것이 아니라 써가면서 외웠다. 20대 선생님은 20대 선생님의 특성대로 애들과 지내면 되고, 40대이면 40대의 특성대로 지내면 될 터인데 나는 계속 나의 20대, 30대의 모습으로 아이들을 만나려고 한 것이다. 20대 선생님이 줄 수 있는 것이 있고, 40대 선생님이 줄 수 있는 것이 있다는 것을 그때는 알지 못했다.

젊음에 대한 로망인가? '젊고 활기차게'란 슬로건처럼 우리 사회는 젊음만이 추구해야 할 가치인 것처럼 말한다. 100세 시대에 젊음의 기간보다 나이듦의 기간이 훨씬 길지만, 젊음 이후의 중년을 지나 노년에 이르는 삶을 어떻게 살아갈 것인가를 생각지 않고, 다만 그 짧은 젊음의 기간을 어떻게든 늘리려고 한다.

나이가 든다는 것은 무엇일까? 이제 나는 모든 상황을 이해하려고 노력한다. 자연스럽게 흐르는 것이 순리임을 알고 이해하려고 하고, 가끔 흐름에 역행하려는 것은 도전임을 알고 이해하려고 한다. 젊은 교사가 아이들의 사랑을 받는 교사였다면, 나이든 교사는 아이들과 동료들에게 사랑을 주면 된다. 우리가 젊었을 때 받은 사랑을 이젠 나눠주면 되는 것인데, 여전히 받으려고만 하는 것이 부자연스럽다. 물론 나이가 들어도 사랑은 받고 싶다. 존경이 듬뿍 담긴 사랑을 받고 싶긴 하다.

어쩌다 중견교사가 되고 보니 아이들은 쉬는 시간이나 점심시간에 특별한 볼일이 없는 한 더 이상 나에게 오지 않고, 그 대신 나는 그 시간에 전체 아이들을 바라본다. 예전에는 나에게 오는 아이들에게 둘러싸여 전체 아이들을 좀 덜 보았다면, 이제는 고루고루 볼 수 있어 좋다. 그리고 가끔씩 아이들이 하교한 후에 동학년 선생님들이 올 수 있도록 동학년 모임을 위해 커피포트에 물을 끓이거나 음식을 주문한다. 젊은 시절에 무의미하게만 보였던 동학년 모임과 회의에 이제는 나름의 의미를 부여한다. 잠시라도 얼굴 봐야 정이 나고, 할 말이 생겼다.

동학년 모임에서 나눈 다양한 주제의 수다는 교사에게 잠시 숨통을 트이게 했고, 폭이 좁은 교사의 삶을 다채롭게 했다. 학생이나 학습으로만 이루어진 대화에서는 교사의 삶을 논하기가 어려웠고, 교사나 학생의 삶이 빠진 교육은 새가 날아가 버려 빈 둥지일 뿐이다. 이렇게 다양한 삶의 모습은 학습이란 것에만 고정되어 있는 딱딱한 커리큘럼을 풍부한 예시와 사례로 풍성하게 할 수도 있었다.

"요즘 우리 동네 마트 뒤쪽으로 재개발하려고 한다는 말 들어 본 적 있니? 어머님이 얘기 안 하셔? 왜 재개발을 하려고 할까? 재개발하면 좋은 점은 뭐고, 안 좋은 점은 뭘까?"

아이들은 선생님의 눈높이에서 세상을 바라본다. 선생님이 한 해 한 해 나이를 더해간다는 것은 그만큼 교실에 살아 있는 수업을 만든다는 말이다.

무엇보다 나이가 드는 것은 그때는 이해되지 않았던 것이 이해가 되는 것이고, 혼자 있음에 익숙해지는 것이다. 어쩌면 이 외로움 때문에 나의 이야기를 들어줄 누군가를 찾아, 그리고 그 누군가를 붙잡고 이야기하고 싶어서 나는 지금 글을 쓰고 있는지도 모르겠다.

이 책을 읽고 있는 당신, 고맙습니다. 당신에게 이야기하고 싶었습니다. 당신이 있어 나는 외롭지 않습니다.

9

타로 카드를 펼쳐볼까요?

어쩌면 미래를 알 수 없기에 인생이 더 재미있다고 한다. 미래를 모르기에 새로운 일에 긴장하면서 도전을 하고, 자유롭게 살 수가 있는 것이다. 그렇지만 때로는 한 치 앞의 미래도 알지 못한다는 것이 답답하기도 해서 신년운을 본다거나 철학관을 찾기도 한다. 나 역시도 별자리 운세라든지 인터넷 꿈해몽이라든지 때로는 신문에 나와 있는 띠별 운세에 관심이 많았다. 그러던 중 타로 상담에 관한 교사 연수가 있다고 해서 신청했다. 연수 이수에 대한 부담이 없는 데다 왠지 재미있을 것 같았다.

연수 첫날에 십여 명 남짓의 연수생 앞에서 전문강사는 타로 카드로 부부의 성격을 알아볼 수 있다고 했는데, 수업의 집중도를 높이려는 의도가 다분히 있었다. 우리는 노련한 강사의 강의에 자연스럽게 빨려들어 갔다. 먼저, 생년월일을 모두 더해서 나온 숫자를 한 자릿수로 한 것이 자신의 성격을 나타내는 상징수가 된다. 그러니까 2023년 2월 14일생이라면 각각의 숫자를 더하여 2+0+2+3+2+1+4=14. 여기에서 1+4=5의 상징수가 만들어진다. 나와 남편의 생년월일을 물어 상징수를 계산한 강사가 말했다.

"선생님의 성격수는 5로 교황 카드인데, 남편분은 9로 은둔자 카드예요. 교황 카드는 진리를 가르치는 교육자를 상징하는 것으로 선생님이란 직업과도 잘 맞고요, 주관이 뚜렷하고 원칙과 집단을 따르려고 하는데, 은둔자 카드는 외부대상과 환경에 신경을 쓰지 않는 편이고, 조용하지만 간섭도 곧잘 합니다. 두 분 다 주관이 뚜렷해서 주장을 굽히지 않으시겠어요. 그래도 교황 카드가 중재나 균형도 중시하기 때문에 선생님께서 갈등조정을 하시며 사시는 것 같으세요."

족집게다! 속으로 깜짝 놀랐지만 내색하지 않고 가벼운 말로 수긍했다.

"강사님, 제가 그렇게 살고 있습니다."

남편과 나는 생각이 많이 다르고, 그래서 많이 다투기도 했다. 지금은 서로 상대방의 성격을 알기에 일부는 포기하고, 또 일부는 이해하며 맞춰가려고 노력하고 있다. 그런 현실에서 그

날 가벼운 마음으로 받은 타로 상담에 나는 쉽게 빠져들었다. 평소 어렴풋하게나마 그러려니 했던 우리 부부의 상황이 꽤 설득력 있게 느껴졌기 때문이다. 사실 타로의 상징수라는 것이 생년월일을 다 더해서 나오는 숫자라면 이 세상에 나와 생년월일이 같은 사람은 다 비슷한 성격이라는 말이니까 얼마나 허황된 것일까 싶지만, 이상하게 잘 맞았다. 어쩌면 명리학에서 이야기하는 사주라는 것도 생년월일과 시간으로 인간의 길흉화복을 알아보는 것이니 이와 비슷한 것이 아닐까?

타로 상담은 궁금한 것을 이야기하고 내가 직접 카드를 뽑으면, 상담사가 그 카드들을 보면서 나의 궁금증에 대한 답변 및 조언을 해주는 형식이다. 옛날 화투점이나 신문에 나와 있던 오늘의 띠별 운세처럼 그냥 재미로 보는 것이라고 생각했다. 그런데 이 타로 상담이 꽤 설득력이 있다.

세상을 살면서 고민이 없는 사람이 어디 있겠냐마는 나도 참 고민이 많은 사람이다. 그러나 고민을 가슴 속으로만 삭이는 성격은 못되어서 어떻게든 풀고 싶어했지만, 내가 힘들거나 답답할 때 고민을 의논할 상대를 찾기가 쉽진 않았다. 부모님께는 괜한 걱정을 끼치는 것만 같아 말을 꺼내기가 싫었고, 남편은 나랑 달라도 너무 달랐다. 친구는 너무 멀리 있었고, 동료 선생님들과는 학교나 학급 문제는 서로 이야기할 수 있을 테지만, 더 이상의 속 깊은 얘기를 꺼내기는 쉽지가 않았다.

40대 후반, 집안 가정사도 힘들고, 몸은 아프며, 직장 일은 만만치 않았다. 어디서도 마음이 편치 않아서 숨죽이며 혼자서 벽 보고 울곤 했다. 언제까지 이렇게 힘들게 살아가야 하나 하는 생각과 당장 내일의 일조차 알 수 없어 많이 답답했다. 그래서 점집을 찾아가기도 했었는데 한바탕 이야기로 쏟아내고 나면 속이 좀 후련해지는 느낌도 들고, 오직 나만을 위한 조언이나 공감의 말을 듣고 나면 텅 빈 마음에 훈훈한 온기가 도는 것도 같았다.

어떤 때는 길을 걷다가 문득 눈에 들어온 타로 상담하는 곳에 들어가 5,000원을 내고 한참 울었다. 타로 상담사는 어찌 그리 사느냐며 위로를 해주었고, 타로 카드를 보며 앞으로 괜찮아질 거라고 했다. 그렇게 실컷 울다가 눈물을 닦고 다시 멀쩡한 척하며 길을 걸었던 날도 있다. 그렇게 견뎌온 나날들이 나를 더 단단하게 만들었다. 이제는 역지사지(易地思之)의 마음으로 나도 누군가 힘든 사람에게 이런 타로 상담을 해주고 싶었다.

이제 알게 되었다. 그때 내가 바라던 것은 결론이나 답이 아닌 공감이었다는 것을! 그리고 내가 간절히 원했듯이 내 주변에도 나 같은 사람들이 있을 것이라 생각했고, 힘들어하는 그들에게 내가 타로 상담사가 되어주는 것은 어떨까 싶었다. 누군가에게 그냥 무턱대고 이야기를 꺼내는 것보다 타로 카드를 보며 이야기하는 것이 편할 것 같았다. 그래서 지난번의 맛보기 타로 상담 연수가 아니라 좀 더 상세하게 타로 상담하는 법을 배워보고 싶었다.

하지만 때가 때인지라 코로나19가 맹위를 떨치던 시기였기에 문화센터도 운영하지 않았고, 사람들이 모이는 것 또한 힘들었다. 그렇게 다음을 기약하며 마음을 접는가 싶었는데, 초등학교 선생님들이 즐겨 듣는 원격교원연수원에서 타로 상담에 관한 연수를 발견했다. 나는 설레는 마음으로 연수를 신청한 후에, 책도 보고 타로 카드로 연습도 하며 이해가 안 되면 몇 번이나 다시 보기를 반복하며 열심히 공부했다.

선생님을 대상으로 한 연수 특성에 맞게 타로를 학생의 마음을 읽는 타로 테라피라 부르며 학생 상담에서 어떻게 사용하는지를 이야기하고 있었지만, 나는 이것을 굳이 초등학생에게 사용하고 싶은 생각은 없었다. 그리고 누군가에게 부담 없이 "타로 상담 한 번 해볼래요?"라고 말을 건네며 쉽게 시작할 수는 있겠지만, 그렇다고 그저 심심풀이 재미로 타로 상담을 하고 싶진 않았다. 나에게 있어 이것은 타로 카드를 매개로 한 공감, 응원의 상담이기 때문이다.

타로 카드로 상담을 받거나 점집을 찾아가 자신의 이야기를 하는 사람들을 보며 비이성적이게 그런 것을 왜 보냐며 한심하게 생각하는 사람들이 있다는 것을 안다. 게다가 나는 인간의 자유의지를 믿는 사람이기에 운명은 이미 정해져 있다는 운명론을 인정하기는 싫다. 하지만 그들이 얼마나 답답했으면, 얼마나 힘들었으면 그럴까를 알기에 그들을 함부로 평할 수가 없다. 나 또한 누구라도 붙잡고 이야기하고 싶었지만 이야기할 할 사람이 없었다. 망망대해에 외로이 떠 있는 섬처럼 외로웠다. 나를 잘 알고 있는 사람도 좋았지만 가끔은 오히려 나를 모르는 사람에게 나의 솔직한 속마음을 터놓기가 편했다. 그렇게 타로 상담사와 고민을 나누는 것만으로도 스스로 힘든 상황을 털어내고 중심을 잡으며 나름의 방향성을 잡기도 했다. 그리고 나와 나의 고민을 분리시켜 객관화할 수 있었다.

타로 상담을 하면 '이렇게 될 것이다'라고 미래에 관한 이야기를 나눌 때도 있지만 맹신하지 않고 참고로 했으면 한다. 좋으면 좋아서 다행이고, 나쁘면 그렇게 되지 않으려고 지금부터 바꾸려고 하면 된다. 현재의 1도의 방향 전환이 미래에는 얼마나 멀리 떨어질지 생각하며 말이다.

사실 힘든 사람에게 손을 잡아주고 위안을 주고 싶어 시작한 타로 상담이었지만, 의욕만 앞섰을 뿐 나는 좀 어설펐다. 수학풀이처럼 딱 떨어지는 것이 아니다 보니 카드를 보며 어떻게 말해야 할지 고민될 때도 많고, 타로 심리상담사 자격증도 있다는데 잘 알지도 못하면서 카드를 펼친다는 것이 부담되기도 했다.

그래서 나의 어설픈 타로 상담보다 내가 겪었던 일과 내가 생각했던 일, 그러니까 비슷한 경험을 미리 해본 사람의 글 역시 누군가에게 공감과 위안이 되지 않을까 싶어 글을 쓰기 시작했다. 물론 글을 쓰면서 나 스스로 가장 많은 위안을 받았다. 처음부터 무턱대고 너를 이해하고 공감한다고 말을 건네는 것보다는 책 내용이나 다른 사람의 이야기 등을 먼저 꺼내면서 상대가 편히 자신의 이야기를 할 수 있도록 하는 센스를 가졌으면 좋겠다.

지금 내가 가진 짙은 남색 상자 속에는 타로 카드가 들어있다. 가끔 스스로에게 말을 걸고 싶을 때나 고민이 될 때는 타로 카드를 빼서 나름대로 해석을 해보기도 한다. 최근에는 내가 가장 궁금한 일, '과연 지금 쓰고 있는 글로 책을 출판할 수 있을까?'를 알아보고 싶었다. 타로를 셔플하고 반원 모양으로 펼친 뒤 카드 7장을 뽑았다. 세븐스타 배열법으로 카드를 그림이 보이도록 뒤집은 뒤 한참을 바라보았다. 근원적인 원인과 현재와 미래의 마음과 상황을 살펴보고 일이 전개되어질 방향과 결국 귀결되어질 모습까지 살폈다. 그 결과는 지금 이 책을 읽고 있는 분들은 아실 것이다. 당신이 보시는 그대로이다.

제2부

어쩌다 보니 중견교사

1

우리 반 아이와 내 자녀

결혼하기 전부터 교사생활을 한 때문이기도 했지만, 내가 아이를 낳으면 잘 키울 줄 알았다. 그렇지만 내 자녀와 우리 반 아이의 교육은 완전히 다른 것이었다. 이 간극을 어떡하든 메꿔보고 싶어 기어이 내 자녀가 6학년이 되는 해에 나는 6학년 담임교사를 신청했다. 내가 쉽지 않은 6학년 담임을 지원했다는 사실이 의외처럼 보였는지 어떤 선생님께서 나에게 물었다.

"선생님은 6학년 담임을 왜 지원하셨어요?"

"제 자녀가 6학년이라서요. 요즘 무엇을 배우는지 알면 서로 대화도 잘 통할 것 같아서요."

"아, 그럼 좋겠다. 저도 그렇게 해야겠어요."

그런데 처음 기대했던 것과는 달리 괜히 같은 학년으로 지원했다는 후회가 몰려왔다. 아이가 같은 학년이니 내가 맡은 반 아이들과 너무 비교가 되어 자꾸 야단만 치게 되었다.

학부모들은 교사와 교사의 자녀가 같은 초등학교에 다니는 것을 별로 안 좋게 생각할 수도 있겠지만, 나는 어쩔 수 없이 아이가 4학년이 될 때까지 같은 학교에 데리고 다녔다. 아이가 외동인 데다 누군가 돌봐줄 형편이 되지 않는 경우라 돌봄이 필요했기에 같이 출근하고 같이 퇴근했다.

남들을 의식해서 학교에서는 철저히 모른 척했고, 서로 찾지도 않았다. 차를 타고 20분 정도 가야 하는 거리에 있는 학교라서 출근할 때는 함께 가서 학교 주차장에 차를 주차시키고, 등교하는 다른 아이들이 없을 때 아이를 먼저 등교하게 했고, 나는 그 후 몇 분이 지나서 출근했다. 퇴근 시에는 주차장 근처에 다른 아이들이나 학부모가 한 명이라도 있으면 아이는 먼저 나가서 교문 밖 한적한 길에서 기다리고 있고, 나는 차를 몰고 가서 아이를 픽업해 집으로 돌아왔다.

그런 노력 덕분에 전교생이 채 100명도 안 되는 작은 학교였지만 비밀을 유지했다. 물론 시간이 흐르면서 선생님들은 그 사실을 알았지만, 학교의 아이들은 내 아이가 우리 학교 선생님의 아이라는 것을 알지 못했다. 학교 복도에서 만나도 "안녕하십니까?" 하며 지나치는 내 아이를 보고, 동료 선생님들은 아버지를 아버지라 부르지 못하는 홍길동 같은 처지라고 했다.

어쩌면 그 때문인지도 모르겠다. 지금 아이가 소극적이고 겁이 많고 자주 긴장하여 쭈뼛쭈뼛하는 것이 말이다. 학교에서 보면 교실에서 쉬는 시간마저 조용히 혼자 앉아 있는 아이가 있는데, 그 아이가 바로 내 아이였다.

자녀를 키우면서 속을 안 끓여본 부모가 얼마나 있겠냐마는 나 역시도 아이 때문에 참 많이도 울었다. 아이의 성격과 교우관계 문제는 항상 고민이었다. 그 중 아직도 깊은 상처로 기억되는 장면이 하나 있는데, 아이가 유치원에 다닐 때의 일이다.

그날 초등학생들은 이미 하교하고 난 오후 3시쯤이었는데 학교 건물 밖에서 한 여자아이가 악을 쓰며 소리를 지르고 있었다.

"저리 가. 저리 가란 말이야. 따라오지 말라고."

얼마나 목소리가 컸던지 교정이 쩌렁쩌렁 울렸다. ㄷ자 모양으로 둘러싸인 학교 건물 사이에 있는 병설 유치원 놀이터에서 나는 소리였다. '뭐지?' 하며 아래를 보다가 순간 나는 얼음처럼 굳어버렸다.

보아하니 내 아이가 같은 병설 유치원의 여자아이들 두 명을 따라다녔나 보다. 따라오지 말래서 자기 딴에는 멈췄다가 주변을 빙빙 돌면서 그 여자아이 두 명의 주위를 얼쩡거리고 있었고, 그것이 싫어서 여자아이는 바락바락 소리를 지르고 있었다.

주변에 다른 친구들이나 선생님은 없었지만 나는 무슨 일이냐고 뛰어나가 중재할 수도 없고 해서 그냥 가만히 숨죽이며 지켜보았다. 여자아이 둘은 내 아이를 흘겨보며 저리 가라고 소리를 지르는데 정작 내 아이는 어쩔 줄을 몰라 했다.

그 상황은 생각보다 꽤 오래 지속되었고, 내 아이가 유치원 건물 안으로 들어가면서 끝이 났다. 마음을 졸이며 그 모습을 바라보는데 그렁그렁해 있던 눈에서 눈물이 뚝 떨어졌다. 내 아이가 저렇게 있는데, 내가 지금 여기서 뭘 하고 있는가….

나는 아이를 내가 근무하던 초등학교의 병설 유치원에 보내고 싶었다. 추첨으로 뽑기를 했었는데 아쉽게도 후보 1번이었다. 그런데 누군가가 포기해서 다행히 아이를 병설 유치원에 입학시킬 수 있었다. 12월생이라 또래들보다 어린 데다가 낯을 많이 가려서 걱정도 되었지만 달리 따로 돌봐줄 사람이 없었다. 그런 현실에서 엎어지면 코 닿을 위치에 아이가 있다는 생각만으로도 위안이 되었다.

처음에는 내 아이가 유치원 놀이터에 노는 모습을 자주 볼 수 있는 게 좋았다. 놀이터에서 아이들 소리가 나면 습관적으로 밖을 내려다보았다. 그렇지만 다른 아이들과 어울려 놀지 못하고 놀이터 주위를 빙빙 돌기만 하다가 다른 친구들을 따라 혼자서 몇 번 미끄럼을 타는가 싶더니, 또다시 가만히 서 있는 모습을 보는 것이 무척이나 속상하고 힘들었다.

　사실 친구들과 잘 어울리지 못한다는 것을 알고는 있었지만, 그 모습을 눈앞에서 계속 보게 되니 더 마음이 아팠다. 엄마가 힘들어질까 봐 유치원에 가기 싫다는 말 한 번 안 한 어린 것이 얼마나 심심하고 힘들었을까…. 하지만 그런 현실임에도 내가 달리 손써줄 방도가 없었으니 밤에 잠든 아이 얼굴을 보고 있으면 마음이 짠해지면서 흐르는 눈물이 멈추지 않았다.

　그날 오후 옆 반 선생님과 학급 아이들의 교우관계를 말하던 중에 나는 엉엉 울어버렸다. 사연을 들은 옆 반 선생님이 아이의 교우관계는 그냥 아이에게 맡기고 이제는 밖을 내다보지 말라고 조언해줬다. 그 후부터는 의식적으로 안 보려고 노력했지만 그래도 가끔씩 내다보며 걱정을 했고, 그렇게 내 아이는 유치원을 졸업했다.

　다행히 1학년 때는 조금 나아지려나 싶었는데, 내 아이의 교우관계에 나는 또 도움이 되지 못했다. 1학년 엄마들은 전화번호를 주고받으며 반 모임을 만들었고, 나는 같은 학교 교사라는 이유로 낄 수도, 끼고 싶은 마음도 없었다. 그래서 학급 아이들 거의 대부분이 모이는 생일 파티의 세계에 나나 내 아이는 참여할 수 없었다.

　생일 파티가 있은 다음날에는 자기들끼리 어제 밤늦게까지 모여 뭘 먹었고, 뭘 하고 놀았는지 하루 종일 종알거리는 이야기를 듣고 내 아이가 집에 와서 물었다.

"엄마, 난 못 가지?"

그 나이의 다른 아이들처럼 차라리 나도 가고 싶다고 징징대었으면 나았으련만, 그렇게 묻고는 나의 대답조차 듣지 않고 제 방으로 가버리는 아이에게 정말 미안했다. '대신 엄마랑 맛있는 거 먹고 놀러 가자.' 혼자 속으로 곱씹으며 다짐하고 또 다짐했다.

그렇게 나는 아이의 친구가 되어 주었다. 집과 멀리 떨어진 학교에 데리고 다니다 보니 동네에도 친구가 없었다. 그래도 그때는 어쩔 수 없다고 생각했다. 돌봄만 생각했다. 지금 6학년이 되어서까지 내 아이는 여전히 자기의 친구는 엄마라고 한다. 친구 같은 엄마는 좋을지 몰라도, 내 친구는 엄마라는 말은 그 느낌이 아주 많이 다르다.

지금 후회해서 뭐하겠냐마는 반성을 하자면 나는 치고 빠지기를 못한 것 같다. 아이가 스스로 헤쳐 나가게끔 어느 정도 나이가 되면 나는 빠지고 아이 혼자 두었어야 했는데 끝까지 돌봄을 쥐고 있었다. 결국 돌봄도 제대로 못했구먼. 늦었지만 지금이라도 손에서 놓아주려 한다. 아니다. 아직도 이랬으면 좋겠는데 저랬으면 좋겠는데 하며 아이에게 수시로 간섭을 하고 있는 나를 보면 아직도 멀었다는 생각이 든다.

그렇게 아침부터 마음을 다잡으며 출근을 하면서 혼자서 말하곤 한다.

'내 아이도 제대로 못 가르치면서 남의 아이를 가르치겠다고?'

흔히 "당신 자식이면 그렇게 하겠냐?"는 말도 하지만, 아이러니하게도 내 자식이 아니기 때문에 할 수 있다. 내 자식에게는 그만큼 객관적이지도 체계적이지도 꾸준하지도 못하기 때문이다.

나는 그런 내 아이 덕분에 우리 반 아이들의 교우관계에 관심이 많았다. 특히 혼자 있는 아이는 유심히 살펴보게 되고, 학급에서 소외되지 않도록 내가 앞장서서 말도 걸고 심부름도 시켜본다. 중견교사가 되기 전, 그러니까 내 아이를 키우기 전에도 학급의 모든 아이들이 친하게 지낼 수 있도록 신경을 썼었지만, 지금은 아이들의 마음과 입장을 헤아려가며 더욱 신중하게 접근하려 한다. 그리고 내 아이와 같이 혼자 떨어져 있는 아이의 모습이 안타까운 만큼 원인과 과정, 결과와 주변 반응까지 더 세심히 관찰하게 되었다.

사실 친구가 없더라도 같이 놀자고 다른 무리의 친구들을 따라다니는 아이라면 차라리 낫겠는데, 내 아이는 정말 혼자 있는 아이였다. 보통 학급에 보면 그런 아이들이 한두 명쯤은 있다. 쉬는 시간이나 점심시간에 독서를 하는 아이는 정말 책 읽는 것이 너무 재미있어서 그럴 수도 있겠지만, 대부분은 같이 이야기하거나 놀 친구가 없어서 차라리 책을 읽는 경우가 많다. 그런데 이렇게 책을 읽다 보니 주변의 아이들이 더 다가가지 못한다. 뭐라고 물어보려 몸을 돌렸다가도 독서에 방해가 될까 봐 다른 친구에게 가서 물어보게 된다.

요즘도 내 아이는 쉬는 시간에 교과서를 읽는다고 한다. 특별히 읽고 싶다거나 가지고 다니는 책도 없어서 그냥 항상 학교에 있는 교과서를 읽는단다. 내가 농담으로, 누가 보면 하버드대학 갈 공부벌레인 줄 알겠다고 말했더니 자기는 벌레를 제일 싫어한다며 걱정 말라고 너스레를 떤다. 이렇게 학교에서 조용히 혼자 있는 아이라도 집에서는 장난도 치고 까분다는 것을 나는 안다.

내 아이처럼 교실에서 너무나 조용하게, 쉬는 시간조차 자기 자리에 가만히 앉아 있는 우리 반 아이 몇 명을 지켜보다가 한 아이를 오후에 남겨서 잠시 이야기하는 기회를 만들었다. 서로 아이스크림을 먹으면서 상담을 진행했는데, 그 아이가 내게 "친구가 되는 법을 모르겠어요"라고 고민을 털어놓았다. 그 아이의 눈높이에서 이렇게 저렇게 친구에게 다가가는 방법을 이야기하고, 선생님도 지켜보며 도와주겠다고, 같이 노력해보자고 약속했다.

사실 내 아이를 키우면서 알게 되었지만, 나는 이런 아이들이 친구 사이에서 주목받고 인정받은 경험도, 환대받은 경험도 없음을 잘 알기에 이런 경험을 이 아이들에게 교실에서 주고 싶었다. 그래서 내가 상담했던 아이에게는 심부름도 아이들과 같이 보내고, '같이 하자'란 말로 먼저 다가가 보자고 이야기하며 모둠을 조직할 때는 이 아이를 끌어줄 수 있는 아이들과 함께 조직했다. 그리고 소극적인 아이들이 흔히 가지고 있는 낮은 자존감 향상을 위해 그 아이가 이룬 작은 성취를 기억하고 따로 불러서 인정해주었다.

그런데 이게 우리 반 아이에게는 잘 되는데, 내 아이에게는 잘 안 된다. 내 아이보다 우리 반 아이를 보고 있는 시간이 더 많기도 했고, 내 아이를 도와줄 또래 친구들을 가정에서는 찾을 수 없기 때문이기도 했다. 또한 우리 반 아이들을 위해서는 특별한 수업도 하고 행사도 추진하지만, 같은 6학년인데도 내 아이에게는 어차피 준비한 것이지만 함께 해보자고 이야기조차 하지 않게 된다.

내가 상담한 우리 반 아이처럼 기질 자체가 겁이 많고 소극적인 아이는 친구에게 다가가지를 못하고, 더구나 누군가의 말을 이어받아 말하는 것도 어려워한다. 그러다 보니 어릴 적부터 친구 관계 형성이 어려웠을 것이다. 내 아이 역시도 어릴 때부터 같이 놀아줄 친구가 없고, 놀이터에도 겁이 나서 혼자 가지 못하니 그 모습이 안쓰러워서라도 부모가 친구처럼 놀이터에서 놀아주었는데, 또 그것이 아이들끼리의 자연스러운 또래 관계 형성을 막아버린 것 같다. 더구나 친구와 친하게 지내본 경험이 거의 없기에 같이 놀 친구가 없음을 크게 불편해하지 않고 오히려 그걸 당연시하는 데다가 그 시간을 때우기 위해 혼자 조용히 책과 교과서를 읽는다. 그런 우리 아이에게는 학교에 가서 '하루에 한 명 이상 말 걸기' 미션을 주었다.

사실 엄마의 기대치는 선생님의 기대치보다 훨씬 높다. 같은 학년을 맡으면 서로에게 윈-윈이 될 줄 알았는데 우리 반 아이와 내 아이는 분리가 되었고, 나도 선생님과 엄마로 완전히 분리되었다. 그래서인지 몰라도 "라떼는 말이야~"로 시작되는 나의 초등학교 시절 이야기를 우리 반 아이들이 아는 만큼 내 아이가 모르는 것이 더 이상 이상하지가 않다.

나에게 중견교사란 자신의 자녀 양육과 이제껏 교실에서 봐왔던 수십 년간의 아이들 교우관계 경험 데이터로 어떤 아이든지 그 아이가 그렇게 행동하는 이유를 궁금해하고, 상담하면서 도와줄 방법을 찾을 줄 아는 교사인 것이다. 그렇지만 중년의 엄마는 아직도 자신의 아이를 지도하는 것은 여전히 서툴고 어설프다.

2

열정이 욕심이 되지 않도록

교사는 아이들이 인사를 바르게 할 수 있도록 가르쳐줘야 하고, 청소하는 법도 가르쳐줘야 하고, 정리정돈하는 법도 가르쳐줘야 하고, 숙제하지 않은 아이들도 확인해서 지도해야 하고, 욕도 쓰지 않도록 지도해야 하고, 서로 싸우지 않고 사이좋게 지낼 수 있도록 지도해야 하고, 무엇이든 하기 싫어하는 아이에게는 시작하게끔 동기부여도 해야 하고, 다른 사람에게 피해를 주지 않도록 지도도 해야 하고, 발표하는 연습도 지도해야 하고, 공부도 즐겁게 잘 할 수 있도록 해야 하고, 학교생활도 즐겁게 할 수 있도록 해야 한다. 그러면서 아이들이 꿈을 갖고 실천해갈 수 있게끔 동기부여도 해야 한다. 이 모든 것을 잘 해보겠다고 에너지를 쏟는 교사가 바로 나였다. 이른바 열혈교사였었다.

인사, 청소, 정리정돈, 성실, 바른 언어생활, 사이좋은 친구 관계, 포기하지 않는 도전의식 그리고 발표 연습을 지속적으로 가르친다는 것은 선생님이나 아이들에게 결코 즐겁고 재미있는 일은 아니었다. 물론 이 모든 것들이 잘 지켜진다면 모두에게 편안하고 즐거운 학교가 될 수 있겠지만, 이게 그렇게 쉬웠다면 아마 학교는 벌써 오래전에 사라졌을 것이다. 끊임없는 반복지도와 확인과 점검이 요구되고, 훈화와 때로는 엄함도 필요했다. 아이들이 힘들어하지 않고 즐겁게 놀이처럼 받아들일 수 있도록 하기 위한 끊임없이 반복적인 즐거운 지도와 즐거운 확인 과정과 즐거운 점검, 재미있는 훈화와 따뜻한 엄함은 교사에게는 엄청난 인내와 에너지를 필요로 했다.

하지만 아이들은 처음에는 재미있어 했지만, 얼마간의 시간이 지나면서부터는 사탕발림이 사라진 쓴 약에 한숨 섞인 짜증을 내기도 했다. 그럼에도 그런 모든 것들을 이겨내고 바르게 교육하는 것이 교사의 역할이다.

하교시간이 다 되어 가는데, 유독 더러운 교실 바닥이 내 눈에 들어왔다. 수업을 마치면서 우리가 배우는 교실을 스스로 청소하고 가자고 해도 자기 자리의 쓰레기를 발로 밟거나, 혹은 뒤쪽 아이에게 보내는 아이도 있고, 자기 자리 밑에만 쓰레기를 줍는 아이도 있다. 게다가 따로 청소를 시키면 빗자루로 쓸기가 귀찮아서 보이는 쓰레기를 한두 개 줍고는 청소를 다했다고 대충 인사하고 가버리기도 한다. 무엇보다 잠시만 청소하고 가자고 해도 아이들은 학원에 가야 한다고 언성이 높아진다. 언젠가부터 공교육보다 더욱 중요해진 사교육인 학원에 가야 하는 시간에 늦기 때문이다.

깨끗한 환경에서의 학교생활을 위해 아이들을 하교시키고 난 후에 내가 교실을 청소하기도 했지만, 그때마다 드는 생각이 '이건 아닌데…'였다. 뭔가 자발적으로 아이들이 청소를 즐기게 하는 방법이 없을까 고민하다가 아이디어 하나를 생각해냈다. 그래서 시작한 것이 유독 교실이 더러운 날에는 아이들이 쓰레기를 줍고 휴지통에 버린 후에 선생님과 가위바위보를 해서 이기면 잘 가라고 인사하고, 지면 다시 쓰레기를 줍고 와서 가위바위보에 도전하는 일명 '가위바위보 청소'였다.

아이들은 선생님을 이긴다는 것이 기분 좋았는지 한 번 만에 이기면 환호성을 지르기도 하고, 이기고 난 다음에도 집에 가지 않고 다른 아이에게 가위 내라, 바위 내라며 옆에서 훈수를 두기도 했다. 자신을 기다리는 다른 반 아이들이 보는 앞에서 선생님과 가위바위보를 해서 첫판에 이겼다며 의기양양하게 웃으며 자랑하기도 했다. 아이들의 이런 반응에 스스로 생각해도 여러모로 의미 있고 즐거운 청소법이라고 생각했었다.

그런데 어느 날, 쉬는 시간마다 자기 주변의 쓰레기를 줍자고 아무리 말해도 내 이야기가 잘 먹히지 않았다.

"얘들아. 오늘 '가위바위보 청소' 좀 하자."

내 말이 끝나기도 전에 한숨과 함께 '아이~' 하는 짜증 소리가 흘러나왔다. 내 나름대로 즐거운 청소법이라고 생각했지만, 청소는 역시 청소였나 보다. 어느 순간에 사탕발림이 사라진 쓴 약이 되어버렸다.

우리 반 아이들은 수업을 마치기 전에 그날 있었던 일에 대한 자신의 경험과 그에 따른 생각이나 느낌을 정리하는 글쓰기 시간을 가진다. 글쓰기는 종합적인 사고력이 필요한 데다 자신의 생각을 표현하는 활동이기에 내가 관심을 갖고 강조하는 활동이다. 그런데 자신이 경험했던 일이나 독후감을 써보자고 하면 무엇을 써야 할지, 어떻게 써야 할지 고민하며 백지 그대로 멍하니 있거나 한두 줄 쓰고는 더 쓸 것이 없다는 아이를 보고 있으면 걱정이 되었다.

예전에는 일기검사를 통해 꾸준히 글을 써보게끔 했으나, 요즘은 일기를 선생님께 검사받는다는 것이 인권 침해의 소지가 있다는 말에 나는 아이들에게 일기쓰기의 중요성을 얘기하며 꾸준히 일기를 써나갈 것을 강조할 뿐 더 이상 일기검사를 할 수가 없었다. 이런 현실을 수용하면서 그냥 넘어간다 한들 아무도 뭐라 하지 않을 테지만, 열혈교사였던 나는 이른바 학교에서 있었던 일을 주제로 해서 아이들에게 꾸준히 글을 써보게끔 했다.

우리 반의 글쓰기 활동은 수업시간에 연장된 글쓰기가 되기도 했고, 때로는 상담창구가 되기도 했다. 글쓰기를 어려워하는 아이들에게 내용이 어떠하든 크게 생각하지 않고 어떠한 글이든 한 번에 최소 7줄 이상만 써보자고 했다. 그나마 집에서 쓰게 되면 학원 때문에 바쁜 아이들에게 부담이 될까 봐 수업을 10분 일찍 마치고 쓰게끔 했다. 모든 글쓰기를 2줄로 끝내버리는 아이들에게 글쓰기를 체계적으로 지도하고 싶었다. 하지만 아이들마다 글쓰기 능력도 다르고, 또 조금 부족한 아이들에게는 따로 지도하려 해도 정말 도저히 시간이 나지 않았다. 그래서 일단 무조건 써보자고 시도한 것이고, 일주일에 서너 번 정도로 일 년 동안 꾸준히 실천했다.

학부모나 선생님이 생각하기에는 이 지속적인 글쓰기 활동이 중요하고 의미 있는 활동이었지만, 정작 글을 써야 하는 아이들에게는 그렇지 않았나 보다. 다른 반에서는 안 하는 활동을 우리 반만 한다고 볼멘소리가 간간이 들렸다. 어쩌다 오늘은 안 써도 된다고 하면 감사의 환호성이 교실을 가득 채웠다.

또 교사는 아이들이 교실에서 편안하게 자신의 생각을 말할 수 있도록 학급 및 학습 분위기를 조성해야 한다. 아이들의 관심사를 이해하며 아이들과 수다도 떨 수 있어야 하고, 힘들고 어려운 상황에 처한 아이를 도와야 하고, 수업 역시 아이들이 흥미를 잃지 않도록 재미있게 구성해야 하고, 그러면서도 주입식 위주의 교육을 뛰어넘어 창의력과 고차원적인 사고력을 키울 수 있는 수업이 되도록 고민해야 하고, 학생들이 스스로 학습 주제를 찾아 연구하게끔 격려해야 한다. 이 모든 것을 잘 해보겠다고 나는 에너지를 쏟았었다. 학부모님들은 이런 나를 보고 열정이 넘치는 교사라고 했다.

교사가 말하는 바를 아이들이 다 그대로 실천한다면 교육이 왜 어렵겠냐마는 아이들은 바쁘다거나 모르겠다거나 힘들다거나 또는 놀아야 한다고 쉽게 따르진 않는다. 그렇지만 꾸준히 실천하다 보면 좋아지려니 생각하며 나는 수준이나 질을 신경 쓰기보다는 다양한 교육 활동들을 시도했다. 그러나 대충 해도 일단 시도한 것에 의의를 두고 그냥 넘어가니 뭐 하나 제대로 되는 것 없이 흐지부지됐고, 아이들은 차츰 하지 않으려고 했다.

부드럽지만 단호한 교육이란 게 쉽지 않았다. 때로는 엄한 표정과 말투로 꾸짖음도 필요했다. 고학년 아이들은 자기들끼리 불만을 이야기하며 뒷담화를 했고, 그것이 내 눈과 귀에 보이고 들렸다. 하지만 그것이 내 의욕을 꺾게 하지는 못했다. 쉬는 시간이나 점심시간에는 아이들이 제출한 공책이나 연산시험지를 점검하느라 정신이 없었고, 내 책상 주위에는 아이들이 제출한 것들로 가득했다. 조금 특별하게 수업을 시도했음에도 아이들이 잘 따라주지 않은 날에는 모든 기운이 소진되는 느낌으로 수업이 끝난 뒤에 한동안 멍하게 있을 때가 많았다.

그러나 무엇보다 가장 크게 에너지를 뺏는 것은 학부모 민원이었다. 누군지 알면 그래도 답변이든 변명이든 사과든 할 수 있으련만, 누군지 알 수 없는 이에게 받은 민원은 속수무책이었다. 민원을 넣은 사람이 자신이 누구인지 알려주지 않은 건지, 민원을 받은 관리자가 민원 대상자인 나에게 굳이 알려주지 않는 것인지 모르겠지만, 그렇게 민원 내용을 듣고 나면 힘이 빠지고 속상하기까지 했다.

나의 지나친 열정이 누군가에게는 불편했나 보다. 아이들에게 도움이 되는 것을 알기에 내가 그렇게 열정을 갖고 시도했음에도 모두에게 긍정적으로 받아들여지지는 않았다. 내 행동에 스스로 회의가 들었다.

'굳이 내가 이렇게 해야 할 필요가 있을까?'

그때 내가 받은 민원은 그 종류도 다양했다. 내 열정이 지나쳐 아이들에게 좀 더 많이 가르치려다 보니 생기기도 했고, 큰 기대를 갖고 아이들 스스로 자기 관리를 잘 하게 만들려다가 생기기도 했다. 어느 쪽이 넘쳤다면 다른 한쪽은 또 부족해서 생겨났다. 나름대로 합리적인 설명으로 설득시킬 수 있지만, 잘못된 것은 잘못된 것이다.

민원을 받고 나면 처음에는 속상하면서 화도 나지만, 결국에는 나 스스로를 돌아보게 된다. 그러다가 그냥 포기하고 싶어진다. 그런 민원들은 희망을 담아 열정적으로 달리고 있는 열차에 급브레이크를 걸게 했다. 물론 잘못된 방향이었으면 멈추는 게 맞겠지만 바른 방향으로 나아가는 것까지도 모두 멈추게 했다.

나도 책상 위에 굳이 아이들의 학습 결과물을 매번 쌓아 놓고 꼼꼼히 살펴보며 검사하고 싶지 않다. 나도 깨끗하고 깔끔한 책상을 좋아하고, 쉬는 시간에는 아이들의 상담에서 벗어나 여유 있게 앉아 있고 싶다. 굳이 프로젝트니 조별보고서 발표니 토의니 하지 않고 교과서와 이미 자료로 나와 있는 보조교재를 보며 아이들과 웃으면서 수업을 하고 싶다. 활동시간마다 무기력하게 앉아 있거나 장난을 치는 아이들을 쉬는 시간마다 불러서 반복적으로 지도하고 싶지도 않다. 아침시간에 수학연산 학습지를 채점하고, 쉬는 시간과 점심시간에는 아이들이 쓴 글에 답변 달아주면서 시간을 쪼개 보내면서 과제물을 내지 않은 아이를 찾아내어 빨리 하라고 싫은 소리로 재촉하고 싶지도 않다.

스스로 좋아 자초한 일이니 나는 제외하더라도, 이렇게 학생과 학부모에게 불편했던 열정적인 교사는 중년이 되면서 서서히 그 불꽃이 사그라졌다. 아니, 둥글게 맞춰갔다고 해야 하나?

문득 예전에 동학년으로 만난 옆 반 선생님이 생각났다. 도저히 따라 하기 힘들 만큼 그분은 정말 열정적인 교사이셨다. 아이들의 교육 활동에 자신의 모든 것을 쏟아부으셨다. 당시에도 분위기가 이제 더 이상 하지 않는다고 생각했던 학급 아이들의 가정 방문을 다니시면서 아이들의 가정에서의 모습을 살폈고, 부모님과 만나서 상담을 하셨다. 뿐만 아니라 학급 아이들을 남겨서 방과 후에 1시간씩 상담을 했고, 부진 학생은 수업이 끝나도 끝까지 지도하고 같이 퇴근하시는가 하면, 각종 행사 때는 삶은 달걀을 가지고 와서 반 아이들에게 나눠주시기도 했다.

그런데 진심으로 아이들을 대하면서 무엇이든 열심히 하셨던 선생님에 대한 그 반 아이들의 반응은 불편함을 넘어 냉담하기까지 했다. 아이들은 담임선생님을 지금의 말로 표현한다면 꼰대로 여기며 여간 불편해하는 것이 아니었다. 때론 적당한 거리가 필요했던 초등학교 고학년 아이들에게 지나친 관심은 간섭이 되었고, 아이들은 오히려 그걸 숨 막혀 했다.

옆 반에 있던 나에게도 이러한 아이들의 모습과 생각이 눈에 보일 정도였다. 어쩌면 나름 열혈교사였던 나의 모습도 제삼자의 눈으로 본다면 그렇게 보였을 수도 있을 것이다. 열정이 넘치다 보니 이것도 가르쳐야 할 것 같고, 저것도 지도해야 할 것 같았다. 아이들의 모든 것에 관심을 갖고, 그 세계 속으로 들어가려 했었다. 그것은 어쩌면 열정이 아니라 욕심을 부린 것인 줄도 모르겠다.

세상을 살다 보면 욕심을 부려서 될 것이 별로 없다는 것을 알게 된다. 관심을 갖고 꾸준히 지켜봐 주는 것이 아이들에게도 필요하다. 열정과 욕심을 구분하는 것이 우리 모두에게 필요하다. 그동안 불타오르던 열혈교사의 불꽃은 중년이 된 지금은 많이 약해졌지만, 여전히 꺼지지 않고 남아 있기에 가끔 그 열정이 되살아나서 불꽃을 피우기도 한다.

그렇지만 이제는 열정이 욕심이 되지 않도록 적정점을 찾는 지혜가 발휘되기도 한다. 무작정 나 혼자만의 독단으로 밀어붙이기보다는 다른 사람의 반응을 살펴보게도 되고, 때로는 적당히 멈출 줄도 안다. 더구나 중년이 되어보니 열정적으로 밀어붙이기에는 체력이 받쳐 주지 않을 때가 있기도 하다.

여전히 불꽃 같은 열정으로 아이들을 이끄는 예전의 나와 같은, 아니 나보다 훨씬 존경스러운 교사를 가끔 주변에서 보게 된다. 그들이 감수해야 할 힘듦과 바쁨을 알기에 나는 그들에게 힘찬 응원의 박수를 보내며, 때로는 시련이 닥치더라도 좌절하지 말고 뚝심 있게 소신대로 나아가기를 기대한다.

3

나는 아직도 자신이 없다

계절이 바뀌면서 집안에 변화를 주고 싶은 생각이 불쑥 들었다. 가족과 상의해 먼저 아이 방에 새로 도배를 하기로 결정하고, 방 안에 있는 모든 가구와 자잘한 물건들을 거실로 옮겨놓았다. 작은 방이지만 안에 있던 것들이 밖으로 쏟아져나오니 온 집안에 발 디딜 틈이 없는 것 같았다.

발걸음을 옮길 때마다 자연스레 쌓여 있는 물건들에 눈길이 갔고, 그 속에서 박스 속에 고이 모셔져 있던 30년 전의 교생일지 3권을 발견했다. 내가 대학 다닐 때 교생실습을 가서 그날그날 수업에 대한 것과 내 생각들을 써서 매일 담당 선생님께 제출했었던 일지였다. '이것이 아직까지 있었네!' 하며 일지를 펼쳐보는데 감회가 새로웠다. 30년 전의 나와 지금의 내가 만나는 시점이었다. 마치 시간여행자가 자신의 과거와 마주한 모습이랄까? 정갈한 글씨체와 그 당시 내가 생각하는 교육관까지…. 세월이 지난 만큼 조금 낯설었지만 한편으론 익숙했다.

- 이런 것을 잡무라고 할 수 있는지 모르겠지만 교사의 잡무가 많은 것 같다. 언젠가 현직 교사로부터 교사의 잡무 때문에 아동지도가 소홀히 될 때가 있다는 말을 들은 적이 있는데 이해가 될 것 같다. 내가 국민학교(초등학교의 옛 이름)에 다닐 때 칠판에는 산수책 몇 쪽에서 몇 쪽까지 풀기, 국어 몇 쪽까지 몇 번 쓰기라고 적혀 있고, 우리는 하루 종일 자습했던 기억이 있다. 이제까진 교사가 아동지도를 게을리했던 것이라고 생각했었는데 아마 내가 너무 쉽게 단정지었나 보다. 옛 스승에 대한 이러한 불신을 푸는 계기가 된 것 같다.
- 교사의 권위란 내가 세운다고 세워지는 것이 아닐 것이다. 다른 사람이 받쳐 주어야, 다른 사람이 그렇게 느껴야만 나타나는 것일 것이다. 아이들에게 '우리 선생님 좋다'라는 말이 권위를 나타내어주는 말이 아닐까? 권위는 분명 위엄, 엄숙과는 다르다. 자유롭고 즐거운 가운데서도 선생님을 믿고 따르는 것이 권위 아닐까?
- 가장 기초적이면서 가장 고도의 창의적인 직업은 어쩌면 교사일지도 모르겠다. 아이들의 초롱초롱한 눈망울을 보고 있으면 역시 교직은 성직인 것 같다.

– 나라면 저 수업을 어떻게 이끌었을까? 전혀 떠오르는 것이 없다. 아마 자신이 하는 수업은 그 자신이 최고로 잘하는 사람(교생)일 것이다. 왜냐하면 그 수업을 위해 열정과 시간을 투여했기 때문이리라.

– 성별 차이를 고려하여 라켓을 이용한 여학생의 야구수업은 야구를 쉽게, 재미있게 할 수 있도록 한 배려이자 멋진 아이디어였다. 그러나 여학생에게도 야구방망이를 잡아볼 기회는 주어야 되지 않을까?

– 도서실에서의 지도강화시간을 통해 '수업을 그냥 보기만 하면 되겠지'라는 안이한 내 생각이 잘못된 것임을 깨달았다. 단순히 계획도 없이 수업을 참관하는 것이 아니라 하루하루 관찰의 관점을 계획하고 참관해야겠다.

'30년 전의 내가 생각보다는 똑똑했네!', '글을 잘 썼네!', '보는 시선이 날카로운데!' 하며 스스로를 대견하게 여기면서 읽다가 놀랍게도 내가 30년 동안 거의 변하지 않았음을 알고 소름이 돋았다. 30년의 세월이 흘렀건만 교육에 대한 내 생각은 거의 바뀐 게 없었다. 스무 살 치기어린 시절이라고 생각했었는데, 그리고 반백 년이나 살면서 이런 일 저런 일 겪으며 연륜이 쌓였다고 생각했었는데 그때나 지금이나 내 사고의 깊이는 비슷하다는 생각이 들었다.

교육경력이 몇십 년인데, 지금쯤 교육을 바라보는 관점도 훨씬 예리해지고 변화했을 것이라고 생각되었지만 나는 그렇지 못했다. 왠지 변화하지 못한 것이 그 자리에서 답습하거나 뒤처지는 것은 아닌가 걱정도 되지만, 진정한 변화란 의식의 변화가 아닐까 하는 생각이 들었다. 시간이 지나면 변해야만 한다는 강박에서 벗어나, 시간이 지나도 변하지 않는 것도 있음을 알고 그것에 의미를 부여하는 것도 괜찮을 것 같다며 스스로를 위로해본다.

교생실습을 거쳐 햇병아리 교사가 된 것이 엊그제 같은 데 어느덧 내가 학교에서 교생을 받을 수 있는 위치가 되었다. 이제 대상을 반대로 바꿔서 교생을 받는 담임교사의 입장이 되어 한번 살펴보자. 1~2주 동안 매일 교생들에게 자신의 수업뿐만 아니라 학교에서의 일상을 공개한다는 것이 쉬운 일일까? 1시간짜리 학부모 공개수업을 해도 교사의 목소리와 준비 과정이 평소와 다른데 일주일이 넘는 기간 동안, 그것도 담임교사의 일거수일투족을 보며 무엇인가를 관찰하고 배우려는 교생들에게 나를 보여준다는 것은 심히 부담스럽긴 하다.

문득 20년 전쯤에 함께 근무했던 선배 선생님이 떠올랐다. 밤 늦게까지 수업연구를 하시면서도 언제나 웃는 얼굴로 동료 선생님과 학생들을 대하시던 3학년 1반 선생님이셨다. 선생님은 내게 시간 되면 자신의 학급에 언제든 불쑥 들어와서 수업하는 것을 봐도 된다고 말씀하셨다.

그분의 수업연구는 승진을 위해서도 아니었고, 연구대회 참여도 아니었다. 링거 투혼까지 발휘하시면서도 밤늦게까지 연구하시면서 학생들의 수업 자료를 만드는 것을 포기하지 않으셨다. 그냥 아이들을 좀 더 잘 가르치기 위한 진정성 있는 모습이었다. 지금도 그렇겠지만 당시에도 참 특별하신 분이셨다.

게다가 애써 만든 연구 자료를 동학년 선생님들에게 아낌없이 나눠주시면서 같이 잘 해보자고 하셨던 분이셨다. 우리는 학생들이 조작하면서 탐구하게끔 만든 '세나의 하루'라는 보조 수학교과서를 인쇄기에 올려놓고 도화지를 한 장씩 넣어가며 출력을 했다. 이것을 모아 스테이플러로 찍어 책처럼 만들었고, 새로운 단원이 들어갈 때마다 이 책으로 학습했다. 학생들은 매 단원이 시작될 때마다 이 책이 나오기를 기대했다.

"선생님, 아깝지 않으세요?"

그렇게 직접 연구하신 귀한 수업 자료를 항상 받기만 했기에 나는 너무 죄송스러워 어느 날 여쭈었다.

"아니요. 같이 쓰면 얼마나 좋나요. 퍼줄수록 새로운 생각이 떠올라요."

퍼줄수록 새로운 생각이 떠오른다는 말은 내 기억 속에 각인되어 있었다. 그리고 계속 퍼주다 보면 아무것도 남지 않을 것 같지만 곧 그 자리에는 새로운 생각과 아이디어로 채워진다는 진리를 꽤 오랜 시간이 지난 후에 깨달았다. 나눠주지 않고 담아 두면 그것에 만족하고 정체되어 있을 뿐이다.

몇 년 전, 그 선생님께서 대한민국 스승상에서 대상을 받으셨다는 소식을 들었다. 얼른 인터넷 검색을 해봤더니 반가운 선생님의 사진을 볼 수 있었다. 얼굴만 뵈어도 그 온화함이 전해지는 듯했다. 세월이 지나면서 문득문득 자신의 수업을 언제든지 보러 오라고 말씀하셨던 선생님이 생각났다. 수학과 수석교사(수석교사는 대한민국의 유·초·중·고등학교의 교사 중 수업 전문성이 뛰어난 교사들이 교감이나 교장 등의 관리직으로 승진하지 않고도 일정한 대우를 받고 지속적으로 교단에서 교직생활을 할 수 있도록, 교원의 전문성 제고를 위해 도입된 제도)가 되셨다는 이야기도 들었고, 학교 강당의 무대에 교실처럼 학생들의 책상과 의자를 갖다 놓고 수학과 공개수업을 하셨다는 이야기도 들었다.

선생님께서는 공개수업이 아닌 일반 수업을 언제든지 와서 봐도 된다고 누누이 말씀하셨었는데 나는 한 번도 교실로 찾아가서 수업을 보지 못했던 것이 아쉽다. 그런데 딱 한 번 내가 선생님의 수업을 멀리서 잠시 동안 본 적이 있다. 강당에서 우리 반 아이들과 체육활동을 하던 중에 강당의 저쪽 편에서 선생님께서도 수업을 하고 계셨다. 체육수업이 아니라 학생들이 원의 중심을 잡고 기다란 끈을 갖고 원을 그리는 수업이었는데, 선생님은 원의 개념을 굉장히 강조하셨다. 그 당시 강당에서 실제로 몸을 움직이며 하는 수학수업이 참 신선했었다.

선생님은 열정적인 수업뿐만이 아니라 항상 웃으시며 아이들이 해낸 작은 일이라도 찾아 칭찬을 하셨고, 감탄하셨다. 선생님은 항상 솔선수범하는 모습을 보여주시면서 생활지도를 하셨는데, 학생들뿐만 아니라 주위 교사들에게도 그러하셨다.

어느 날 퇴근시간이 훌쩍 지나서 어둑어둑해지는 초저녁에 있었던 일이었다. 그동안 바빠서 미루어놓았던 업무를 처리하고 내가 퇴근하던 길에 선생님 반을 지나가던 때였다. 늦은 시간인데 얼른 퇴근하시라고 서로 인사를 주고받은 후에 복도를 지나가고 있는데 선생님의 말씀이 내 걸음을 붙잡으셨다.

"그런데 선생님께서 구두를 신고 복도를 지나가시면 아이들이 무엇을 배울까요? 누가 보든 보지 않든 지키셔야죠."

선생님의 단호한 목소리에 놀라서 내가 얼른 구두를 벗었다. 그 당시의 나는, 같은 교사에게 학생처럼 야단맞는 것 같아서 조금 당황스럽기도 하면서, 한편으론 학생들이 없는 저녁 시간인데 나만 그러는 것도 아니고 다들 그러는데 선생님이 너무 융통성이 없으시다는 생각도 들었다. 그렇지만 그 후로는 퇴근길에 선생님 반을 지날 때면 살짝 신발을 벗어서 들고 인사를 드리고 복도 끝에 가서 조용히 신발을 신고 나가기도 했었다. 아이들은 신발주머니를 들고 다니던 시절이었고, 교직원 신발장은 멀리 있다는 핑계로 나는 교사 슬리퍼를 교실 복도 신발장에 두고 다녔었다.

그러나 이 영향이었는지 지금도 나는 복도에서 신발을 신고 다니는 것이 불편하다. 아이들에게는 실내화를 신고 다니라고 하면서도 정작 교사 자신은 신발을 신고 다니는 것이 교육적이지 않을 뿐만 아니라 맞지 않기 때문이다. 실내화를 가져오지 않은 아이들이 신발을 들고 양말 차림으로 다니듯이 요즘은 나도 그런 날에는 자연스레 신발을 벗는다. 아이들에게 부끄럽지 않은 선생님이 되려면 솔선수범은 못한다고 해도 적어도 아이들을 따라하고는 싶었다. 친절하지만 단호한 교육, 선생님은 나에게 따로 설명하지는 않으셨지만, 나는 그 일을 계기로 누군가를 지도할 때는 감정의 친절함과 행동의 단호함이 필요함을 느낄 수 있었다.

이 글을 쓰면서 이제는 퇴직을 하셨으려나 하며 인터넷을 찾아봤더니 여전히 교육현장에서 아이들을 가르치고, 또 선생님들 연수를 하고 계셨다. 더 늦기 전에 선생님께서 근무하시는 곳에 제자처럼 찾아가 뵙고 싶고, 많이 늦었지만 지금도 가능하다면 선생님의 수업 모습을 보고 싶다.

그때의 선생님은 자신의 수업을 언제든지 공개하려고 하셨고, 우리들에게 수업의 방법, 수업의 자료, 교사의 모습과 그것을 보는 학생 모습 등 모든 것을 가감 없이 나눠 주려고 하셨다. 그리고 공개해서 나눠준 만큼 더 새로운 아이디어와 수업으로 채워나가며 끊임없이 스스로를 발전시키셨다. 그런데 20여 년이 흐른 지금도 나는 나의 수업방법이나 수업 모습을 그 선생님처럼 언제든지 누구나 와서 보라고 할 만큼 자신이 없다. 그 이유는 아마 나의 수업과 생활지도 모습이 체계적이지 않고 두서없이 진행되는 것에 대한 두려움 때문이거나, 교직에 대한 나만의 전문성을 갖추지 못하지 않았나 하는 자기검증 때문일 것이다.

하지만 이제는 수업도 누군가에게 보여주고, 생활지도 모습도 누군가에게 이야기하고, 그리고 나의 수많은 시행착오와 서툴렀던 시간을 편하게 이야기하고 싶다. 그것은 내가 좀 더 노력하고 성장할 수 있는 계기가 될 것이며, 또한 누군가에게는 위안이 될 수도 있을 것이다.

아니, 어쩌면 지금 내가 생각보다 꽤 잘하고 있는지도 모른다. 물론 아직 자신이 없는 것은 마찬가지이지만, 이렇게나마 나의 이야기를 하고, 또 나의 모습을 보여주고 있는 것이 그 방증이 아닐까. 이제는 그것을 넘어, 오히려 즐길 수 있는 여유와 배짱을 갖고 싶다.

4

아이가 잘 되기를 진심으로 바라는 사람

교사마다 선호하는 학년이 다르겠지만 나는 저학년보다는 고학년 담임이 되길 희망했다. 초등학교 고학년과 선생님은 서로 이야기도 통하고 각자의 입장을 이해해줄 수도 있으며, 무엇보다 서로 선을 넘지 않고 적절한 예절을 지킬 수 있는 관계라고 생각한다. 그런데 고학년 담임을 맡다 보면 기본 학습 습관이나 생활 습관이 바르게 잡혀 있지 않고, 또 그게 고치기 쉽지 않아서 잔소리를 끊임없이 해야 할 때가 많다.

사물함의 문을 열면 정리정돈이 되어 있지 않은 교과서와 준비물이 밖으로 튀어나오고, 책상 서랍은 도저히 무엇인가를 넣을 수 없도록 꽉꽉 들어차 있다. 시도 때도 없이 사물함에 가서 교과서와 학습준비물을 가져오고, 아래쪽에 있는 사물함의 문은

발로 쾅쾅 닫는 것은 예사였다. 게다가 책상 위에 지우개 가루는 몇 날 며칠을 모아두고, 책상 옆에 있는 책가방 안에는 통신문이 구겨져 방치되고 있기 일쑤다. 수업시간에는 의자 끝에 걸터앉아 다리를 쭉 뻗어 앞 친구에게 불편을 주기도 하고, 때로는 의자를 건들거리다가 뒤로 꽈당 자빠지기도 한다. 친구가 발표해도 관심을 갖고 쳐다보기는커녕 듣지도 않으면서 앉아서 자기 말만 한다.

그럼에도 불구하고, 선생님이 프로젝트 주제를 주고 설명하면 곧바로 알아듣고 자기들끼리 열심히 조사해서 발표 자료를 만들어 진지하게 발표한다. 그러면 나는 뒷자리로 가서 아이들과 같이 질의응답 하면서 '주입식 수업보다는 이런 수업 방식이 진정한 배움이지' 하며 나름 뿌듯한 마음으로 참관을 한다. 어쩌다가 내가 많은 물건을 가져와야 할 때에는 '얘들아, 힘 좀 쓰는 사람은 나랑 같이 가자' 하면 우르르 따라 나와서 나를 감격하게 한다. 그러고는 같이 몰려가 한 번에 끝내고 마는 고학년은 내가 볼 때 참 매력 있다.

그런데 어느 해인가 내가 자원해서 1학년 담임을 맡았던 적이 있다. 오후에 학습부진학생 지도를 하면서 5학년이지만 학습 태도도 좋지 않고 구구단마저 헷갈리는 아이를 붙잡고 가르치면서 서로가 힘들었던 기억 때문이다. 그때 이 아이들을 좀 더 저학년 때 만났더라면 하는 생각이 내 머릿속을 맴돌았고, 그 생각이 불씨가 되어 모락모락 피어오르더니 결국에는 내가 1학년 담임을 지원하게 되었다.

고학년 담임을 쭉 하다가 내려간 내게 주위에서는 1학년 담임은 고학년 담임과는 다를 것이라고 우려 섞인 걱정을 했다. 율동도 해야 했고, 말씨도 상냥해야만 했다. 아픈 아이들에게는 시간 맞춰 약 먹으라고 이야기해줘야 했고, 시도 때도 없이 지금 몇 시인지 알려줘야 했다. 물통을 들이대면 자동으로 뚜껑을 열어줘야 했고, 손가락이 아프다고 하면 밴드를 붙여줘야 했다. 그리고 학습활동은 동학년과 의논해서 맞추어야 했다.

그런데 그 모든 것을 다 합해도 오직 하나에는 미치지 못하니, 최강은 1학년 학부모였다. 한 번은 배가 아프다며 학교 가기 싫다고 우는 아이를 달래서 교실까지 데려온 학부모는 내게 뭔가 따지듯이 물었다.

"선생님, 유치원 때는 안 그랬는데 얘가 왜 이럴까요?"

"학교 환경이 유치원하고는 달라서 아이가 힘드나 봅니다. 좀 더 신경 쓰겠습니다."

이렇게 스스로 사과하며 학부모를 보낸 적이 여러 번이다. 심지어는 아이 선생님인 나를 죄인인 양 취급하는 학부모도 있었다.

"선생님, 우리 민철이가 학교에서 친구한테 맞았다는데 아십니까?"

"민철이가 누구에게 맞았는데요? 몰랐습니다."

"학교에서 민철이 앞에 앉은 애가 가위로 우리 애를 찌르려고 해서 민철이가 하지 말라고 가위를 잡았대요. 그랬더니 나중에 우리 애를 때렸다고 합니다."

"네? 저는 몰랐습니다. 저에게 이야기도 안 하던데, 민철이는 괜찮나요?"

"애는 괜찮고요. 우리 애도 참을 수 없어서 때렸다고 합니다. 그런데 그런 애를 학교에 두면 됩니까?"

"네?"

"소문 들어보니 그 애가 다른 애들을 잘 때린다고 하던데, 어디 겁나서 어떻게 학교에 다니겠습니까?"

"장난을 잘 치는 아이이긴 한데 무슨 일이었는지 제가 알아보겠습니다."

"장난이 아니고 때린대요. 선생님께서 그 정도도 관리가 안 되십니까?"

"어머님, 제가 신경을 안 쓰는 것은 아니고요. 아이들 살펴본다고 신경 쓰는데도 그 장면은 못 봤네요. 내일 아이들이 등교하면 어떻게 된 일인지 알아보겠습니다."

"알아보는 건 알아보시구요, 일단 내일 자리 바꿔 주세요. 선생님 믿고 학교 보내는데 이건 아니지요. 제가 잠이 안 옵니다."

선생님을 믿으신다니 좀 더 믿어보든지…. 그날 밤 10시 넘어서까지 전화통화를 했고, 그날 나도 잠이 오지 않았다.

어떨 때는 학부모님들이 나눠서 싸우는데, 의도치 않게 그 사이에 내가 끼어 있는 난처한 입장이 되기도 했다.

"선생님, 우리 애가 혼났다고 하던데 왜 혼났나요?"

"어머님, 은빈이가 혼났다고 하던가요? 수업시간 종이 쳐서 다른 아이들은 다 앉고 수업 시작하려는데 은빈이와 다른 아이가 계속 교실 뒤에서 공을 주고받으며 공놀이를 해서 이제 그만하라고 제가 공을 가져가고, 교실 뒤에 서서 다른 아이들이 뭐하는지 보고 자리로 들어가라고 했습니다."

"아 진짜요? 잠시만요."

어머니가 아이에게 사실을 확인하는 소리, 야단치는 소리까지 전화기 너머로 들렸다.

"선생님, 그래도 속상하네요. 공놀이는 동규가 먼저 하자고 했대요. 우리 애가 그럴 애가 아니거든요. 동규 때문에 우리 애까지 같이 혼나게 되니 둘이 못 놀게 해야지, 원. 친하다고 참고 있었는데 저번에는 같이 놀다가 우리 애를 때렸대요. 남자애 주먹이니까 얼마나 아프겠어요. 이제 한소리 해야겠네요. 더 이상 못 참겠어요."

두 가족은 아이가 유치원 때부터 엄마들끼리 언니, 동생 하며 친한 사이라 같이 외식도 하며 친하게 지내는 이웃이라고 했다. 하지만 그날 이후로 은빈이 어머니는 동규 어머니에게 감정을 실어 이야기했고, 가끔 은빈이 어머니는 동규 어머니의 반응을 나에게 알렸다. 또한 동규 어머니의 "그럼 우리 보고 전학 가라는 소리입니까?"라는 격앙된 항의이자 하소연 전화를 받기도 했다. 그렇지만 두 학부모의 감정이 나빠질 대로 나빠진 사이에 끼여서 나는 옴짝달싹할 수 없었다. 담임교사는 중간자의 입장에 서야 했기에 섣불리 중재에 나설 수가 없었다.

아이 싸움이 어른 싸움이 된다고 두 어머님의 신경전으로 학급의 다른 어머님들도 두 편으로 나뉘었고, 이 문제는 학년이 끝나는 마지막까지 계속되었다. 담임교사였던 나는 1학년이 끝나는 종업식 날에 교감선생님께 불려가서 그 아이들을 맡을 2학년 담임선생님을 위한 사건 경위서를 쓰게 되었다.

그 후부터 나는 다시는 1학년 담임은 하고 싶지 않았다. 이제 나는 저학년 담임선생님의 자상하고 끊임없는 반복지도와 열정적인 노력과 그들의 땀과 한숨으로 아이들이 고학년까지 커왔음을 안다. 그래서 고학년 담임을 할 때면 저학년 담임교사 덕분에 이 아이들이 그나마 이만큼 컸다고 생각하며 얼마나 감사한지 모른다. 게다가 저학년 때는 우리 아이는 절대 그런 아이가 아니라며 착하게만 알던 학부모들도 아이가 고학년이 되면 서서히 바로 보기 시작하며 우리 아이가 그러함을 인정하기도 한다.

저학년 때부터 습관을 잡든 고학년 때부터 습관을 잡든 중요한 것은 반복지도이다. 그래서 고학년이라도 학년 초에는 책상서랍 정리법, 사물함 정리법, 가방 놔두는 위치, 수업 중 바른 자세의 중요성을 이야기하고 실제 연습도 꾸준히 한다. 다만 고학년이 되니 학습량이 많아 아이들의 정리정돈을 확인할 시간이 부족한 현실에서 선생님이 언젠가는 확인할 수도 있다고 말만 한다는 것이 문제이긴 하다.

끊임없는 반복지도가 쉽진 않다. 특히 정리정돈이 안 되었던 우리 반 형민이만 봐도 그랬다. 형민이 어머님은 학부모 전화 상담을 신청하셨고, 우리는 형민이의 정리정돈에 대해 이야기했다. 그렇게 서로 집과 학교에서 어떻게 정리정돈이 안 되는지를 알게 되었고, 학부모와 선생님이 아이의 상황에 대해 공감이 되다 보니 맞장구를 치며 웃고 수다를 떨 수 있었다. 마지막에는 서로 의기투합해서 그 문제 해결을 위해 같이 애써보자고 훈훈하게 마무리를 지었다. 그 후에 형민이에게 집에서의 정리정돈 과정을 물어보며 지속적으로 관심을 보였고, 이런 경험들이 아이의 바른 성장에 도움이 되지 않았을까 생각해본다.

순수하게 아이가 잘 되기를 바라는 사람은 이 세상에 부모님과 선생님만한 사람이 또 있을까 싶다. 아무리 친한 친척이나 친구라도 나중에는 자신의 처지와 비교하게 되며, 부러움과 질투의 감정을 느낄 수도 있다. 때론 선생님의 방식이 자신과 다를 수도 있겠지만 그 의도만큼은 순수하다. 아이들이 잘 되기를 한없이 진심으로 바라는 사람! 선생님은 그런 사람이다.

5

부모의 마음이지만 부모는 아니라서

선생님은 부모가 아니다. 학생들도 내 자녀가 아니다. 그러므로 선생님이 부모의 마음으로 학생을 대하지 않았으면 한다. 부모의 마음으로 바라보면 객관적으로 보기가 힘들며 또 그때부터 잔소리가 시작되기 때문이다.

학부모님이 학부모 공개수업이나 학부모 상담 등으로 자녀의 교실에 가게 되면 먼저 자녀의 사물함과 책상 서랍을 보는 것이 필요하다고 한다. 그것을 보면 자녀가 어떻게 학교생활을 하고 있는지 알 수 있기 때문이다. 사물함과 책상 서랍이 깨끗하게 정리된 아이가 꼭 학교생활을 잘하고 있는 것은 아니지만, 대체로 학교생활을 잘하는 아이들은 정리가 잘 되어 있다. 사물함 속에서 물건을 찾는데 바로 찾는 아이와 사물함 속을 헤집어서 찾아내는 아이는 마음가짐부터가 다를 것이다.

사실 사물함이 제대로 정리가 되어 있지 않다면 문을 열면 물건들이 한꺼번에 쏟아져 나오기 일쑤다. 그리고 책상 서랍에는 책들이 뒤죽박죽 섞여 있어서 교과서 한 권을 찾기 위해 모든 교과서를 다 빼놓는 경우도 많다. 그래서 나는 매년 학기 초가 되면 사물함 정리법과 서랍 정리법을 지도한다.

책상 서랍 속에 넣는 교과서는 오늘의 시간표대로 순서에 맞춰 정리해서 서랍의 왼쪽에 붙이고, 알림장이나 기타 공책, 필통 등은 오른쪽에 놓게 한다. 이렇게 하는 것이야말로 매시간 책상 서랍 안을 보지 않고도 다음 시간의 교과서를 뺄 수 있는 선생님이 생각한 신박한 방법이라고 소리를 높였다. 학기 초에는 거의 매일 연습을 하며 확인했고, 어느 정도 아이들이 습관화되었다 싶으면 가끔씩 확인을 했다.

그렇지만 모든 아이들이 연습으로 습관화되는 것은 아니었다. 학교에는 우리 반 현성이와 같은 아이들이 종종 있다. 수업 시작종이 울리자 현성이는 오늘도 교과서가 없다고 했다. 지각을 자주 하는 현성이에게는 책상 서랍을 정리할 시간도 없고, 그렇게 하고픈 마음도 없는 것 같다. 이미 수업은 시작되었지만, 현성이는 사물함 앞으로 가서 앉은 다음 사물함 속의 물건을 다 빼서 차곡차곡 정리하고 있었다. 정리는 쉬는 시간에 하고 일단 교과서부터 찾아보라고 했지만, 뭔가에 꽂혔는지 그냥 묵묵히 정리를 하고 있었다. '그래, 정리정돈도 공부지. 한 번 해봐라'라는 심정으로 더 이상의 잔소리는 하지 않고 수업을 시작했다.

몇 분이 흘렀을까? 갑자기 일어나서 자기 자리로 오더니 교과서가 없다고 한다. 뒷자리의 아이들이 나서서 현성이 책상 서랍 안이 엉망이라고 일러바친다. 짐작은 했었지만 가서 보니 서랍 안이 꽉 차 있었다. 크게 숨을 한 번 가다듬고는, 아이에게 서랍 속의 책들을 하나씩 빼서 교과서를 찾아보라고 했다. 그러나 찾던 교과서는 나오지 않았고, 그렇다면 이제부터는 책가방 안도 살펴보고, 만약 그곳에도 없으면 아마 집에 있을 것이라고 나중에 집에 가서 찾아보라고 했다. 그렇게 수업을 진행하려는데 옆에서 보다못해 같이 가서 정리해주던 아이가 다른 교과서 사이에 끼워져 있음을 발견했다.

드디어 인내하던 내 잔소리가 터져버렸다. 교과서를 찾지 못했을 때는 꾹꾹 눌러 참았는데, 찾았다고 하니 서랍 정리를 왜 하지 않느냐며 잔소리가 나오기 시작했다. 현성이는 억울한 것인지 화가 난 것인지 탁탁 소리를 내며 정리했다.

또 다시 잔소리를 하려다가 목구멍까지 올라온 기운을 삼키며, 더 이상 수업을 방해하지 말고 쉬는 시간에 정리하고 그만 앉아서 수업을 하자고 했다. 한 명 때문에 20여 명의 다른 아이들이 피해를 받는 것 같았다. 학급이라는 장소가 가끔 한두 명의 예의 없거나 다른 사람에게 피해를 주는 아이들 때문에 나머지 20여 명의 아이들도 같이 교사의 엄한 눈초리와 잔소리를 들어야 하는 상황이 불편했다.

현성이의 이와 같은 행동이 처음은 아니다. 저학년 때부터 수많은 사건으로 이미 소문이 자자한 아이였고, 현성이와 같은 반이 된 자녀의 부모님들은 현성이가 자신의 자녀와 싸우지도 않았지만 같은 반이라는 이유로 피해를 받는다고 생각하며 민원을 넣었다. 어떤 부모님은 다른 반으로 보내라고 했고, 어떤 부모님은 학교와 교사는 도대체 무엇을 하냐고 불평했으며, 어떤 부모님은 다른 아이들은 왜 피해를 받아야 하냐며 불편한 감정을 노골적으로 드러냈다. 물론 아무런 말 없이 묵묵히 지켜보는 학부모님들은 더 많았다.

현성이 부모님 마음은 반반이었다. 아버지는 자녀를 이해하지 못했고, 어머니는 그런 아이를 무한사랑으로 감싸주려고 했다. 아버지는 자녀를 위해 어릴 적부터 정신적, 물질적인 뒷바라지를 했건만 고마움도 모르고 점점 버릇이 없어지며 더 많은 것을 요구한다고 했고, 어머니는 어릴 때부터 부모의 욕심으로 많은 학원과 뒷바라지를 했건만 아이는 점점 무기력해지고 학교조차 가기 싫어한다고 했다. 어머니는 이제 욕심을 버리고 모든 학원은 그만두고 학교만 무사히 졸업했으면 한다고 했지만, 몇 달 쉬지 않고 또다시 아이는 학원을 다니게 되었다.

현성이 아버지는 담임교사가 보는 아이의 상황을 알기 위해 직접 상담을 신청하셨다. 아버지는 담임선생님의 존재에 대해 별로 의미를 두지 않았지만 비교적 솔직하게 자신과 아이의 상황을 말씀해주셨다 그와 달리 어머니는 담임선생님께 잘 부탁한다며 간곡하게 말을 했지만 자신과 아이의 상황을 바로 말해주지 않았다. 아마 담임선생님께 다 말해버리면 혹시나 아이에 대한 안 좋은 인식을 가지게 될까 봐 그런 것이 아닐까 짐작해 보지만, 나는 어머니께서 나에게 말한 그 상황까지만 어머니와 상담할 수밖에 없었다. 굳이 아버지와 아이를 통해 알게 된 상황까지 어머니께 확인하며 상담하지는 않았다.

우리가 흔히 말하는 것처럼, 나는 현성이가 부모님의 과한 기대와 무리한 사교육으로 무기력해져서 아무것도 하기 싫어하는 아이라고 생각했다. 이제껏 아이를 끌고 왔던 아버지의 엄한 훈육과 어머니의 잔소리는 더 이상 효과가 없었고, 두 분 모두 거의 포기 직전이셨다. 그래서 나는 현성이에게는 가급적 잔소리를 덜 하려고 했다. 사건이 생길 때마다 이른바 1절까지만 했지 2절까지는 하지 않았고, 오히려 너를 믿는다는 말과 네 편이 되어주겠다고 아이에게 말해주었다.

요즘 들어 학교 가기 싫다는 말은 하지 않는다며 고마워하는 어머님을 보며 나는 내가 현성이와 나름 적정한 거리를 유지하며 잘 지내고 있고, 현성이가 점점 바뀌고 있다고 생각했다. 하지만 그것은 내 착각이었을 뿐, 다른 아이들보다 몇 배 아니 몇십 배 많은 관심을 기울이고 상담하며 칭찬하고 속을 끓였지만 현성이는 쉽게 바뀌지 않았다.

어느 날, 내가 말을 너무 많이 해서 목이 쉬어버린 날이었다. 선생님이 이러다 내일 학교 못 오는 거 아닌지 모르겠다고 아이들 앞에서 혼잣말을 했다. 물론 내가 '선생님, 안 오시면 안 돼요. 괜찮으세요?'라며 아이들이 단체로 걱정하는 장면을 기대한 것은 아니었지만, 유독 현성이만 실실 웃으며 좋다고 만세 부르는 모습을 보니 씁쓸했다. 애들 저러는 것이야 흔한 일이기도 하지만, 내가 현성이에게 쏟아부은 정성이 얼마인데 이 녀석은 6학년이건만 이해나 고마움은커녕 저렇게 어쭙잖게 행동하고 있으니 배신감마저 느껴졌다. 아직 그것을 알지 못한다는 것인가? 아니면 알면서도 저런다는 것인가?

현성이 아버지께서 말씀하신 이 자식은 고마움을 모른다는 말이 내 귓가를 맴돌았다. 현성이 아버지께서 흥분하며 도대체 애가 고마움도 반성도 없고 인간의 도리를 모르는 놈이라고 소리 높여 말씀하실 때 '자식에게 보답을 받으려고 베푸나요? 그냥 사랑을 주셔야죠. 현성이에게는 믿음과 인정, 그리고 이해와 기다림이 필요합니다'라며 내가 도덕군자처럼 생각했던 것도 떠올랐다.

하지만 나는 그때 가만히 듣기만 했다. 이제껏 아버지가 자식을 위해 얼마나 노력하셨고, 고민하셨을지를 생각해보지도 않았고, 그리고 얼마나 참담한 마음으로 나에게 전화 상담을 요청하셨을지 아버지의 마음을 헤아리지 못했다. 어쩌면 나는 아버님의 이야기를 들으면서 '나라면 저렇게 하지 않을 거야, 보답을 받으려고 자식에게 베푸는 것은 아니잖아요'라며 윤리적 자부심이 가득했을지도 모른다.

현성이에 대한 나의 노력은 부모님의 노력에 비하면 새 발의 피인데도 불구하고 나는 목이 쉬어버린 그날, 온몸에 힘마저 쭉 빠지며 서운함과 야속함, 허탈함이 가득했다. '내가 너를 위해 얼마나 애쓰는데, 왜 너는 내 뜻을 알지 못하고 조금도 바뀌지 않느냐' 하며 속상한 나의 모습에서 현성이 부모님의 모습이 보인다.

다시 한 번 말하지만, 선생님은 부모님이 아니다. 그래서 부모님과는 다르게 내 자녀 한 아이만 보는 것이 아니라 수십 명의 아이를 살펴보며, 이런 애도 있고 저런 애도 있으려니 하며 한 아이에게만 과몰입하지 않는다. 학급의 또 다른 누군가에게 관심을 기울이다 문득 그 아이를 보게 된다. 그러다 보면 다시 좀 더 객관적으로 그 아이를 볼 수 있게 된다. 현성이 문제도 마찬가지다. 너무 멀리도 말고 단 한 발짝만 떨어져서 현성이를 보게 된다면 자연스레 아이를 이해할 수도, 아이에 대한 서운함을 잊어버릴 수도 있을 것이다.

그런 눈으로 다시 한 번 현성이를 바라보니 그 아이에게 나의 긍정적인 에너지가 다시 뭉쳐지고 있음을 느낀다. 이것이 내 자녀만을 바라보는 부모와 그러한 아이들 여러 명을 살펴보는 교사의 차이점이 아닌가 싶다.

수업 시작종이 쳤는데도 현성이를 포함하여 서너 명의 아이가 아직 교실에 들어오지 않았다. 아이들에게 모둠 보고서 작성 활동(초·중등학교에서 효율적인 학습을 위하여 학생들을 작은 규모로 묶은 모임활동을 한다)을 먼저 하라고 시켜놓고, 한 5분쯤 지나니 뒷문으로 아이들이 들어왔다. 교실 뒤에 일단 서 있으라고 한 뒤에 무슨 일이냐고 물으니, 한 아이가 실내화를 잃어버렸다고 해서 그걸 찾아 준다고 늦었다 했다.

자신들이 찾아주었다고 신이 나서 자신 있게 말하는 아이들한테 화를 내기보다는 다음부터는 종소리에 신경 쓰자며 얼른 모둠 친구들에게 가서 활동하라고 했다. 그리고 5교시에는 모둠 보고서를 발표하는 시간을 가질 테니 만약 시간 내에 보고서 작성을 끝내지 못하면 점심시간 끝날 때까지 완성하라고 했다.

그런데 내 말이 끝나기가 무섭게 현성이의 투덜거림이 들려왔다. 어차피 자신은 모둠에서 별로 할 일도 없고 점심시간에는 놀아야 한다며 "왜요? 점심시간에 놀아야 하는데 왜 점심시간까지 해야 해요?"라며 반기를 들었다. 그래도 애써 무시했다. 그랬는데 기어이 점심 식사 후에 말도 없이 조용히 놀러 나가고 말았다.

모둠 활동을 끝내지 못했던 현성이 모둠 아이들은 현성이를 찾으러 다녔고, 친구들 손에 끌려 온 현성이는 웬일인지 아이들이 밥을 다 먹을 때까지만 놀려고 했다며 변명 같은 반성을 했다. 나는 현성이의 그 반성을 변화의 조짐이라고 생각되어 잔소리는 하지 않았다. 잔소리라는 것이 아무 때나 하는 것이 아니라 필요할 때가 있는데, 이렇게 스스로 반성할 때는 하지 않는 것이 좋다고 생각되었다.

사실 점심시간에는 좀 쉬어야 하는데 수업시간에 못다한 활동을 하라고 이야기해놓고 나서 나도 마음이 불편하긴 했다. 얼마 전에는 인근 학교에 수업시간에 늦게 들어온 학생들을 뒤에 세워 놓고 훈계를 하고 쉬는 시간에 반성문을 쓰게 했다고 학생들의 쉴 권리를 침해했다는 민원이 있었다는 소문을 들었던 터였다. 아이들의 놀 권리, 쉴 권리는 요즘 학교에서도 아동인권이란 말과 더불어 아주 중대한 이슈이긴 하다. 그만큼 우리 사회에서 아이들이 제대로 놀지 못하고 쉬지 못한다는 뜻일 것이다.

아이들은 학교수업을 마치면 학원이나 공부방으로 가서 다시 공부하고, 집에 가서도 '이제 그만 놀고 공부 좀 하자'라는 부모님의 잔소리 때문에 맘 편히 쉬지 못한다. 우리 사회의 놀이를 중시하지 않았던 태도로 인해 아이들은 맘껏 놀아본 경험이 많지 않고, 막상 놀라고 하면 어른들이 생각하는 놀이보다는 스마트폰 게임을 하거나 유튜브를 보고, 그것이 아니라면 기껏 한다는 것이 때리고 도망가기 같은 놀이일 뿐이다.

우리 사회에서 아이들의 놀이가 이슈가 된 이유는 무엇일까? 언론에서는 놀이가 몸을 건강하게 하고, 창의성과 사회성, 자신감을 향상시키고, 놀이를 통해 의사소통 능력과 갈등 해소 기술, 리더십 능력을 키울 뿐만 아니라, 이렇게 스트레스를 해소해야 또다시 학습을 위한 에너지를 가질 수 있다고 한다. 아이들의 바른 성장 과정으로 즐겨야 할 놀이가 학습과의 연관성 때문에 이슈가 된 것은 아닌가 싶어 씁쓸하기는 하다.

여하튼 아이들에게는 이렇게 놀 권리, 쉴 권리도 있지만 학습 권리도 있다. 그리고 학교라는 공동체에서 같이 공부를 한다면 지켜야 할 예절과 규칙도 중요하다. 누군가는 현성이가 늦게 수업에 들어와서 수업을 제대로 하지 못했고, 누군가는 현성이가 수업 중 장난치고 이상한 말을 자꾸 해서 수업에 집중하기가 어려웠을 수도 있다. 놀 권리와 쉴 권리만 중요한 게 아니라 다른 사람에게 방해받지 않고 학습할 권리도 중요하다. 인근 학교 민원 내용의 전후사정은 모르고 결과만 들어서 무엇이라고 단정 짓기는 어렵지만, 아무래도 내 자녀만 생각한 부모님과 수십 명의 다른 아이들을 생각한 교사의 생각이 같지 않은 때문인 것 같다.

사실 현성이의 상황이 이해가 되지 않는 것은 아니다. 현성이의 무례함과 공격적인 태도, 부정적인 말투, 공감과 배려를 하지 못함, 학습 무기력은 부모님의 양육 태도와 가정 분위기와도 관련이 있을 것이다. 물론 현성이는 쉽지 않은 아이였다. 관심과 사랑을 주어도 그것을 곧이곧대로 받을 줄 몰랐고, 바뀌고 있는 것 같으면서도 바뀌지 않았고, 진심으로 말해줘도 그 진정성을 중요시하지 않았고, 자신은 항상 억울한 피해자라고 생각했다. 그런 현성이에게는 1~2년의 단기전이 아니라 장기전이 필요하다. 부모님이 중심을 잡고 이끌어 나가고, 매년 바뀌는 담임교사는 그때그때 아이 나이에 맞는 처방을 하며 현성이를 도와야 할 것이다.

아쉬움 속에 나는 그 해를 끝냈다. 그리고 그때의 교훈으로, 나는 내가 맡은 아이를 1년 안에 변화시키겠다고 무리하지 않는다. 자칫 무리를 하게 되다 보면 아이든 부모든 또는 내가 되든 꼭 누군가는 탈이 났다.

돌이켜보면 현성이를 위해 나는 가급적 잔소리를 하지 않으려고 노력했었다. 일방적인 자신만의 생각을 강요하는 잔소리가 아니라 사실만을 이야기하려고 애썼다. 때로는 내 잔소리가 관심과 사랑의 표현이기도 했지만, 현성이가 부모님으로부터 이미 많이 들어왔을 것이기에 나는 다른 방식으로 관심과 사랑을 표현하려 했었다. 그래서 아이에게 재치있는 농담으로 강약을 조절하며 잔소리 같지 않은 잔소리를 툭 툭 던지곤 했다.

부모님뿐만 아니라 선생님에게도 아이가 잘 되라고 하는 잔소리보다는 우리가 모두 잘 되기 위해 하는 대화가 필요하다. 세 사람 모두 진심으로 아이가 잘 되기를 바라는 가디언즈이기 때문이다. 여기에 얼른 아이도 동참했으면 좋겠다. 부모님과 선생님, 거기다 아이도 스스로 잘 되려고 노력한다면 이건 뭐 게임 끝 아닌가!

6

학급 운영에도 철학이 필요하다

회사를 경영하든 가게를 운영하든, 또는 가정을 꾸려가든지 무엇인가를 조직하여 운영하다 보면 나름대로 소신, 원칙 같은 것이 생기기도 한다. 우리는 그것을 관점이나 철학이라고 부르기도 하고, 때론 고집이라고도 한다.

실제 학교 현장에서도 일 년 동안 학급을 운영하기 위해서는 교사의 소신과 학생들의 호응, 학부모들의 지지가 필요하다. 학급 운영에 관한 교사의 고민은 올해 무엇에 중점을 두고 학생을 지도하고 학급을 운영할지 생각해보는 한 해의 시작이며, 교사 스스로 일년살이의 다짐이기도 하다. 이러한 고민과 소신 그리고 경험과 시행착오들이 쌓여서 교육에 대한 교사 각자의 철학이 생긴다.

철학이란 말이 조금 거창하게 들리기는 하지만 그냥 경험에서 얻은 교육적 소신이라고 생각했으면 한다. 학급 운영 및 교육 목표에 대한 교사의 철학은 자라나는 아이들의 성장과 배움에 큰 영향을 끼치기도 한다. 이제부터 교육에 대한 나의 철학을 만들어 가는데 영향을 끼친 몇 가지 학급 운영의 경험을 이야기해 보고자 한다.

1) 품격의 향기, 배려의 향기, 나눔의 향기

이 슬로건이 교직생활 20년 만에 만들어진 나의 교육 목표이다. 그 전에는 '눈빛이 살아 있는 아이'라는 교육 목표를 갖고 있었다. 교사만큼 매년 새로운 마음과 새로운 방법을 적용하여 조직운영을 하는 직업은 드물 것이다. 매년 12월쯤이 되면 한 해 동안 했었던 활동을 나도 모르게 반성하며 내년에는 이렇게 하지 말아야겠다고 생각하기도 하고, 내년에는 좀 더 다르게 학급을 꾸려야겠다고 다짐하기도 했다.

그렇지만 종합적으로 살펴볼 때 지난 25년간의 나의 학급 운영 및 교육 활동은 '눈빛이 살아 있는 아이'와 '품격의 향기, 배려의 향기, 나눔의 향기'라는 두 개의 교육 목표 속에 들어가는 활동이었다. 어쩌면 나의 교육 목표가 너무 포괄적이어서 그럴 수도 있지만 적어도 지금까지 내가 아이들과 함께 걸어온 길은 그러한 범주에서 크게 벗어나지 않은 것 같다.

눈빛이 살아 있다는 교육 목표는 내가 지난 20년 동안 가지고 있던 나의 철학이었다. 내가 칠판 앞에 서서 아이들을 볼 때 제일 먼저 보는 것이 아이들의 눈빛이다. 공부를 잘해서 눈빛이 반짝이든, 장난을 잘 쳐서 눈빛이 반짝이든, 집중을 잘해서 눈빛이 반짝이든 어떡하든 나는 아이들의 눈빛이 반짝이면 기분이 좋았고, 아이들의 첫인상은 그런 눈빛으로 기억했다.

그래서 나는 아이들의 눈빛이 반짝이며 살아 있게 만들고 싶었다. 멍한 눈빛으로 수업시간에 앉아 있는 것이 싫어서 아이들을 자꾸 움직이게 했고, 학생들이 좀 더 주도적이고 적극적으로 학습활동을 시도해볼 수 있도록 개인별 때로는 모둠별로 하는 활동을 제시하며 끊임없이 앞에 나와서 발표를 하게 했다. 그리고 아이들끼리 좀 더 친해질 수 있도록 활동별로 다양하게 팀을 만들어 서로 이야기하고 같이 활동하게끔 했었다.

그렇게 한 목표를 가지고 아이들과 부대껴온 것도 좋았으나, 그동안 학교에서 보낸 내 교육경력만큼 아이들을 보고 대하는 시야가 넓어진 데다가 빠르게 바뀌는 사회의 변화에 맞춰 뭔가 새로운 변화를 꾀하는 것도 괜찮겠다는 생각이 들었다. 그러던 차에, 학교에서 아이들과 야외 텃밭 활동으로 허브 작물을 키워 허브 시럽을 만드는 것이 계기가 되어 새로운 교육 목표가 생겨났으니 그것이 바로 '품격의 향기, 배려의 향기, 나눔의 향기'이다.

얼마 전 냉장고 문짝의 양념 칸에 있는 굴 소스를 쓰려고 꺼냈더니 병 주위가 끈적끈적하게 양념이 흘러 묻어 있었다. 그곳에는 케첩과 연유, 그리고 각종 소스들을 넣어두었는데 아니나 다를까 바닥까지 끈적끈적했다. 아무리 바빠도 그렇지, 그냥 두고 넘어가기에는 그 정도가 심했다. 그날 저녁에는 그곳만 정리를 하겠다며 모든 소스 용기들을 밖으로 빼냈다. 꺼내놓고 보니 유통기간이 한참 지난 소스뿐 아니라 정체불명의 초록색 유리병 하나가 눈에 들어왔다. '이건 뭐지?' 하며 초록색 병의 코르크 마개를 열었는데 시럽이었다. 그동안 깜박 잊고 있었는데 5년 전에 내가 만들었던 허브 시럽이 그곳에 있었다.

당시 허브라는 식물에 꽂혀 있던 나는 반 아이들과 의논해 학급별로 주어진 텃밭을 허브 텃밭으로 만들었다. 다른 학급의 텃밭에는 방울토마토나 상추, 오이, 가지 등의 채소가 심어져 있었다면, 우리 반 텃밭에는 애플민트, 초코민트, 페퍼민트, 바질, 레몬타임, 로즈마리 등 종류도 다양하게 각종 허브 식물이 자라고 있었다.

나는 수시로 학급 아이들과 허브 밭에 나가서 민트 잎을 따서 먹어도 보고, 향기도 맡게 하면서 각각의 허브 식물마다 향과 맛이 다름을 느끼게 해주었다. 다른 반에서는 상추를 따서 급식과 같이 먹기도 하고, 방울토마토를 수확해서 먹기도 했다고 한다. 그와 달리 우리 반에서는 허브 작물을 수확해서 포프리를 만들고, 무알콜 모히또를 만들어 먹었다. 나 역시도 허브 잎을 우려서 페퍼민트 차와 레몬타임 차를 즐겨 마셨는데, 허브 향기는 학교 곳곳으로 퍼져서 코와 눈을 우리 반으로 향하게 했다.

허브의 번식력은 놀라웠고, 교무실에서도 우리 반 페퍼민트가 수경 재배로 자라고 있었다. 어느덧 우리 반 아이들은 눈으로 보기만 해도 페퍼민트와 초코민트, 스피어민트를 구별할 수 있는 경지에 올랐었다. 그때 아이들과 함께 허브로 만들 수 있는 것을 찾아보다가 만든 것이 초코민트와 스피어민트, 페퍼민트에 설탕을 넣어 끓여서 만든 허브 시럽이었다. 우리가 키운 허브로 할 수 있는 것이 무궁무진하다며, 내가 주말 동안 만든 허브 시럽을 아이들에게 맛보이면서 말했었다.

"허브의 향기를 기억해라. 향기는 특별히 나서서 말하지 않아도 다른 사람들이 알아챌 수 있고, 너를 찾고 너를 기억하게 할 것이다."

이때의 경험이 계기가 되어 만든 것이 바로 내 교육 목표 향기 시리즈다. 먼저, '품격의 향기'는 개개인의 사람됨과 성품을 판단하게 하는 언어와 주변 정리정돈, 기본예절 등을 강조하는 활동으로 개개인의 품격을 높이기 위한 1차적인 교육 목표였다.

다음으로, '배려의 향기'는 다른 사람과의 관계와 소통에 집중한 교육 목표로 다양한 모둠 활동을 통해 다른 사람을 배려하고 이해하여 공감하고 의사소통을 원활하게 하기 위한 교육 목표였다. 마지막으로, '나눔의 향기'는 학급 구성원 모두가 즐겁고 의미 있는 일을 함께함으로써 공동체로서 같이 하는 기쁨을 느껴볼 수 있게 하기 위한 것이었다.

사실 교직경력 20년이 넘어가는 시점에 스스로에 대한 변화와 다짐이 필요하다 생각했었는데 기존의 교육 목표 '눈빛이 살아 있는 아이'에 '품격의 향기, 배려의 향기, 나눔의 향기'까지 더해지니 뭔가 뿌듯함을 넘어 의욕까지 배가되는 느낌이었다. 어느 학급이나 다 비슷하게 '나, 너, 우리'로 진행되는 학급 운영방법이 있었지만 이렇게 슬로건으로 만들어 놓으니 나의 학급 운영에 대한 생각이 좀 더 체계적으로 정리가 되는 것 같았다.

수년간 이러한 철학을 바탕으로 내가 맡은 학급 아이들의 성향과 특징에 따라서 어떤 해는 품격의 향기를 강조했었고, 어떤 해는 나눔의 향기를 강조했다. 이렇게 두 개의 학급 운영 슬로건 아래에서 내가 맡은 반 아이들과 정말 많은 활동들이 이루어졌다. 어떤 활동은 일 년을 하다가 다시는 하지 않기도 하고, 어떤 활동은 사라지지 않고 꾸준히 운영되기도 하며, 또 어떤 활동은 몇 년을 하다가 사라졌는데 다시 업그레이드되어 나타나기도 했다.

그런 가운데 해마다 바뀌는 아이들을 내가 맡아 가르치면서도 꾸준히 사라지지 않고 운영되는 활동이 있었으니 바로 '우리 반 알뜰시장'이다. 내가 고학년 담임이 되면 어김없이 등장하는 활동으로, 벌써 햇수로 20년이 된 것 같다.

2) 300원

나는 어김없이 방학하기 일주일 전에는 내가 맡아 가르치는 반 아이들과 학교에서 진짜 돈이 오가는 알뜰시장을 했다. 집에서 더 이상 사용하지 않는 물건들을 아이들이 갖고 와서 팔고 사는 알뜰시장은 언제나 인기였다. 어느덧 20년째 이어오는 일이다.

해마다 아이들이 바뀌고 그들이 갖고 오는 물건들도 달라지지만, 한 가지 변하지 않는 것이 있으니 바로 내가 알뜰시장의 시작을 알리면서 아이들에게 하는 말, 물건값 최대금액은 300원이다.

"최대 판매금액은 300원이야. 차라리 안 팔고 말지, 도저히 300원 받고는 못 팔겠다는 물건은 가져오지 마세요."

아이들은 300원은 너무 싸다고 아우성이었지만, 그래도 내가 생각하기에 300원은 사는 아이나 파는 아이 모두가 부담 없는 가격이었다. 20년 전에도 300원이었고, 지금도 변함없이 300원이다.

내가 처음 알뜰시장을 하게 된 이유는 20년 전의 어느 쉬는 시간에 아이들과 나눈 대화에서 시작되었다.

"선생님, 다른 반은 다 알뜰시장하는데 우리 반은 안 해요?"

"선생님은 종이쿠폰을 만들어 서로 주고받다가 끝나면 다시 주인에게 물건을 돌려주는 알뜰시장은 별로인 것 같아. 물물교환하는 알뜰시장도 그렇고."

"그럼 진짜 돈으로 해요."

"그럴까? 너희들 돈 한 번 벌어 볼래?"

"와~~~~ 진짜로 진짜 돈으로요?"

그렇게 해서 시작된 우리 반 알뜰시장은 어언 20년째로, 내가 맡아 가르치는 반 아이들과는 방학을 앞두고 꼭 하는 활동이 되었다. 물론 거스름돈 정도는 돌려줄 수 있는 나이는 되어야 하니까 4학년 이상은 되어야 했다.

"최대 금액을 음… 300원쯤으로 하자."

"너무 싸요."

"싸면 좋잖아. 너희는 팔 것만 생각하지? 너희가 살 것은 생각 안 하니?"

"그래도 너무 적어요."

"물건의 가격은 최대 300원으로 하고, 판매금액의 반 이상은 기부하는 것으로 하자."

"기부는 또 뭐예요?"

"너희가 판 금액의 반 이상은 학급에 기부하고, 그것을 모아서 연말에 불우이웃돕기 성금을 우리 반 이름으로 방송국에 보내자. 그럼 텔레비전에도 나올 수 있어."

"기부를 꼭 해야 되요?"

"응, 자릿값이라고 생각해. 그리고 기부를 안 하면 우리가 알뜰시장을 할 필요가 없을 것 같다. 필요 없는 것 팔아서 돈도 벌고, 어려운 사람도 도와주고 하니 얼마나 좋니?"

그렇게 알뜰시장을 시작했다.

내가 시장을 열기 일주일 전부터 팔 물건을 찾아보라고 몇 번 안내한 효과가 있었던지 시장 당일에는 다들 한 꾸러미씩 들고 왔다. 등교하자마자 아이들은 무엇을 가져왔는지 책상 위에 올려두었고, 몇몇 아이들은 지금 당장 서로 물건을 팔 기세였다.

"알뜰시장을 시작하기 전에는 가져온 물건은 그대로 넣어두고 미리 빼놓지 않습니다."

가게 이름도 적어서 붙이고 각자 자기 책상 위에 팔 물건을 진열하게 한 다음, 종소리와 동시에 시장의 개장을 알렸다. 어떤 아이는 사러 갔고, 어떤 아이는 팔려고 앉아 있다. 주인 없는 가게에서 주인을 찾으니 가게 주인은 자기도 물건을 사다가 급히 물건을 팔려고 오기도 했다.

아이들을 반으로 나누어 각각 사는 팀과 파는 팀으로 번갈아 운영하게 하면 그것도 공정하지 못한 것 같아 그냥 자유로 풀어 버렸는데, 시장은 생각보다 잘 운영되었다. 나도 교사 책상 위에 물건 몇 개를 올려두고, 아이들이 가져온 물건을 구경하려고 돌아다니다가 장사가 안돼 시무룩한 아이들의 물건 몇 개를 사줌으로써 아이들 모두가 즐길 수 있게 만들었다.

다음은 경매시간이다. 알뜰시장이 시작되기 전에 물품을 기부받았는데 처음에는 아이들 두 명이 물품을 기부했고, 7~8명의 아이들은 알뜰시장이 끝나갈 때쯤 더 이상 팔리지 않는 물건을 기부하기도 했다. 그렇게 10여 개의 물품을 기부받아서 10원부터 300원까지 경매가 시작되었다.

"이 연필 세트는 정민이가 기부한 것으로 끝에 지우개가 달려 있어 지우기도 쉽고, 귀여운 캐릭터가 있어 디자인도 예쁩니다. 그리고 내가 이것과 비슷한 연필을 써봤는데 잘 써집니다. 지금부터 10원부터 경매하도록 하겠습니다."

아이들이 자발적으로 조직한 알뜰시장 추진위원들의 소개가 끝나고, 경매는 시작되었다.

"10원, 20원, 30원, 50원, 100원, 200원, 200원, 더 이상 없

습니까? 그럼 200원으로 낙찰되었습니다."

머리핀 10원, 지우개 30원, 인형 300원 등으로 낙찰을 받음으로써 경매도 끝이 났다. 아까 자신이 100원으로 팔 때는 사지 않았으면서 200원에 낙찰을 받는 모습을 보니 답답하다는 반응이 들려오기도 했다.

그렇게 운영을 하고 알뜰시장 추진위원들이 아이들 개인별로 판매금액의 반 이상의 기부금을 받아 정산을 했다. 물건판매 기부금 20,550원에 경매 수익금 2,420원을 더하니 무려 22,970원이나 되었다.

물품 최대금액 300원짜리의 알뜰시장은 모두에게 부담이 없었다. 누구는 돈을 많이 벌었다며 좋아했고, 누구는 갖고 싶은 물건을 샀다고 좋아했으며, 누구는 완판했다고 좋아했다. 물론 안 팔려서 물품 기부를 했는데 경매에서도 낙찰받지 못해서 무겁게 그대로 가져가야 한다며 하소연하는 아이도 있었다.

이렇게 학기마다 한 번씩 모두 두 번의 알뜰시장으로 모은 기부금을 반 아이들의 뜻을 모아 방송국에 전달해 어려운 이웃을 돕는 보람 있는 활동을 했었다. 처음에는 알뜰시장 추진위원들과 같이 방송국을 찾아가서 연말불우이웃돕기 성금을 내고 기념품을 받아와서 나누기도 했고, 어느 해에는 방송국에 연락해서 계좌로 성금을 보내기도 했다. 몇 년 전에 6학년을 맡아 가르칠 때는 아이들로 하여금 스스로 기부대상을 정하게 했는데, 그 결과 '세이브 더 칠드런'이란 국제구호단체를 통해 아프리카에 빨간 염소를 보내기도 했다.

이것이 끝이 아니었으니, 나는 항상 이러한 활동의 결과를 반 아이들이 같이 보면서 비록 작은 힘이지만 그것이 모이면 큰 힘이 된다는 교훈에 더해 스스로 보람을 느끼게 해주었다. 어쩌면 아이들이 어른이 되어서도 이러한 활동에 더 관심을 가지고 지속적으로 실천해가는 디딤돌이 될 수도 있기 때문이다. 방송국에 연말불우이웃돕기 성금을 보낼 때는 몇 월 며칠 지역방송 아침 뉴스에 성금을 보낸 학급 이름으로 나온다고 해서 다 같이 그날을 기다리며 아침 뉴스를 보고, 등교해 교실에서도 모니터를 통해 다시 보기도 했다. 빨간 염소를 보낼 때는 아이들은 누구를 도울 것인지, 어느 단체를 도울 것인지 투표를 통해 정하기도 했다. 그렇게 우리 반 아이들 누구 하나 소외감을 느끼지 않고 자신들이 한 일에 보람과 기쁨을 느끼게 하는 것이 나의 학급 운영 철학이었다.

수업은 교사 혼자 하는 것이 아니라 교사와 학생의 상호작용이기에 내가 중점을 두고 운영했던 학급 운영 방법은 매년 달랐지만 교육을 보는 나의 철학은 크게 바뀌지 않았다. 예전에 미술치료에 관한 교사연수를 받는 중에 미래에 어떤 선생님이 되고 싶은지 그림으로 표현하는 시간이 있었는데, 그때 나는 언덕 위에 있는 커다란 나무를 그렸다. 그리고 나무 그늘에 누구든지 편하게 와서 웃고 울고 떠들고 장난치고 쉬다가 갈 수 있는 그런 큰 나무 같은 선생님이 되고 싶다고 말했다.

이제는 남은 교직경력이 이미 지나온 교직경력보다 적은 중년이다. 중년이면 각자 나름의 생활 방식이 있고, 각자의 건강관리 방식도 있고, 일을 처리하는 방식도 있다. 나 역시 학급을 운영하는 방식이 있긴 하다. 그렇지만 중년의 시기는 인생의 중간 쯤에서 이러한 자신의 방식들을 정리하고 바꿔보기도 하면서 다시 매만져볼 수 있는 시기이기도 하다.

나의 학급 운영에 관한 철학도 이제 큰 나무의 뿌리처럼 단단히 뿌리 내려 있고, 학급을 운영하는 방법은 매년 새롭게 잎과 꽃을 피우는 나무줄기처럼 성장하고 있음을 느낀다. 서서히 그렇게 고목이 되어가는 것 같이 말이다.

7

베테랑의 공개수업

직장생활 경력이 몇 년쯤 되면 베테랑이란 말을 붙이는지는 모르겠지만, 중년으로 접어들면 베테랑이란 말을 종종 쓰곤 한다. 베테랑은 어떤 분야에 오랫동안 종사하여 기술이 뛰어나거나 노련한 사람을 뜻하지만, 중년의 나는 여전히 내가 베테랑인지 아닌지 모르겠다.

학부모를 대상으로 하는 공개수업을 만족스럽게 하지 못한 날이었다. 아이들을 하교시키고 오후에 책상 정리를 하고 있었는데 동료 선생님의 메시지가 왔다.

"수업 잘 끝내셨지요? 베테랑이시니~"

학부모 공개수업을 망치고 허탈하게 있다가 동료 선생님의 메시지를 받고 유쾌하게 답변을 보냈다.

"수업을 세 가지 활동까지 하려고 계획했는데, 시간이 부족해서 세 번째 활동은 빼고 수업 정리해버렸어요. 베테랑답게 당황하지 않고요."

베테랑이라…. 베테랑의 기준이 뭘까?

경력 20년이 넘었건만 왜 공개수업은 할 때마다 만족스럽지 않은지…. 20년이면 강산이 두 번 바뀌는 시간인데, 강산이 두 번 바뀌어 다시 제자리로 돌아왔는지 내게 있어 공개수업은 여전히 부담스럽다.

40분간의 수업에서 동기유발로 도입 활동을 하고, 주요 활동을 세 가지 한 후에 마무리 정리 활동까지 하는 것이 좀 많지 않을까 생각은 했었다. 동학년 공동연구 공동지도안으로 수업을 진행했기에 다들 시간이 빠듯할 것이라고 이야기는 했지만, 누구 하나 선뜻 나서서 활동 몇 개를 빼버리자고 말하지 않았다.

공동연구의 장점은 각 개인이 가지고 있는 수업관과 방식을 교류하고 협업하여 공동사고를 통한 더 좋은 결과물을 얻을 수 있다는 것이고, 단점은 자신의 생각과는 다르게 흘러가기도 하는 데다가 자신의 판단 및 주장으로 안 좋은 결과가 나왔을 경우 다른 사람에게 피해를 줄 수 있다는 부담감이다.

다양한 상황에서 쓰이는 속담 알기라는 주제로 제시된 상황을 보고 모둠별 속담 맞추기, 속담을 보고 말없이 몸짓으로 표현하는 모둠별 스피드 퀴즈, 속담을 활용해 자신의 생각을 온라인 게시판에 올리고 공유하는 세 가지의 활동은 수업 흐름상, 목표 도달 과정상 자연스러웠다.

세부적으로는, 6개의 모둠이 모두 나와서 모둠별 퀴즈를 풀고 들어간다는 것이 시간 내에 마치는 것에 대한 변수가 될 수 있을 것 같았지만 가만히 생각해보면 모둠별로 1분 정도만 하면 시간이 충분할 것도 같았다. 자신의 부모님이 보는 공개수업인데 6학년 아이들이 과연 활발하게 몸짓으로 표현해줄까 걱정도 되었지만 모둠별로 경쟁 심리를 이용하면 괜찮을 것도 같았다. 그보다는 수업 목표를 달성하기 위해 산만한 몸짓 퀴즈가 필요할까 하는 고민은 있었지만 학부모 공개수업 특성상 많은 아이들이 발표를 하게 된다면 학부모나 학생이나 모두 좋을 것이라고 스스로를 다독였다.

공동 수업지도안으로 수업을 진행했지만 각자 자신만의 수업 스타일이 있을 것이다. 나는 이렇게 빡빡한 공개수업을 계획하면서도 느긋하게 수업을 진행했고, 아니나 다를까 걱정했던 일은 현실이 되었다. 아직 세 번째 활동은 시작도 못했는데 10분밖에 남지 않았다. 속담을 활용해서 자신의 생각을 온라인 게시판에 올려서 다른 아이들이 서로 읽어 보고 피드백의 댓글을 달아주자는 이 수업의 하이라이트 활동을 도저히 진행할 수가 없을 것 같았다. 언제 스마트기기 빼고 QR코드 찍어 온라인 게시판으로 들어가서 자신의 생각을 쓰면서 그 상황에 맞는 속담을 넣는단 말인가? 거기다 언제 학부모에게도 링크 공유하여 아이들과 학부모님들이 글을 보고 피드백과 응원을 해준단 말인가?

순간 결정을 내려야만 했다. 나는 과감히 내려놓기로 했다. 요즘 수업은 예전과는 달라요를 보여줄 수 있는 온라인 공유 게시판인 패들렛에 글쓰기 활동을 과감히 포기하고 예전, 아니 평소의 수업 방법으로 아이들은 교과서에 쓰고 몇 명의 아이들이 발표하고 아이들과 학부모는 듣는 방식으로 진행하였다. 그리고 수업 마치는 종이 치고 3분 정도가 지난 후에 수업을 마칠 수 있었다. 하고자 한 것을 다하지 못해 씁쓸하지만 그래도 무사히 끝나서 다행이라고 생각했다.

"수업 하신다고 고생 많으셨지요? 오후에 애들 보내고 우리 반에서 차 한잔해요. 그나저나 저는 시간이 너무 부족해서 활동 3을 못했어요. ㅠㅠ"

불행은 비교함으로써 비롯된다고 했던가? 동학년 선생님들께 메신저로 먼저 나의 실패를 알리고 다들 비슷했다는 공감을 기대했으나 아무도 답장이 없었다. 한참 뒤 어떡하냐는 위로의 메시지를 받고 나만 잘하면 되는구나 싶었다.

그렇게 허탈하게 앉아 있는데 베테랑이어서 잘 했을 것이라는 작년 동학년 선생님의 메시지를 봤고, 20여 년 경력의 중견교사는 베테랑이라는 말에 '베테랑은 무슨…' 하는 심정의 허탈한 웃음이 나왔다.

나의 교직경력은 25년이 다 되어 간다. 발령을 받고 나서 중간에 육아휴직 기간을 제외하고는 쭉 아이들을 가르쳐 왔지만 수업 방법 및 학급 운영에 대한 나만의 체계 정리는 아직도 제대로 하지 못했다. 교육 관련 책은 많이 읽었지만 다른 분야의 책을 더 많이 읽었고, 각종 다양한 교육방법은 사례로만 생각했다. 그때그때 주어진 일은 열심히 꼼꼼히 했지만 집중적으로 무엇인가를 파고들지는 못했다. 교육 한길만 팠으나 개미집처럼 이것저것 얽혀있어 무엇이 어디에 있는지도 이젠 모르겠다. 내가 교육전문가 맞나?

초등교육에 20년 이상 몸담아 그 자리를 지켜왔다. 분명 전문가가 되어 있었으면 좋겠지만 나는 여전히 연수를 찾아 듣고 학급 운영을 위해 책을 찾아본다. 중견교사가 되어버린 요즘에는 더욱더 그렇다. 나보다 교직경력이 짧은 선생님께 그들의 방법을 배운다. 그래, 그래서 나는 베테랑이 아닐까? 나만의 방법만을 고수하지 않고, 여전히 나보다 나이가 어리든 많든 상관없이 이리저리 찾아다니며 그들의 이야기를 듣고 내가 가진 기존의 방법을 수정하고 살을 붙여 가며 융합시킨다. 그리고 융통성과 유연성을 갖고 교과를 대하고 아이들을 만난다.

"이건 왜 이럴까? 선생님은 모르겠는데. 이거 알아낸 사람은 언제든지 알려주세요. 무조건 칭찬 스티커다. 학교에서 고민한 내용을 집에서도 다시 한 번 고민하고 찾아봤다는 것만 해도 충분히 대단한 겁니다."

나에게 베테랑은 전문가의 자신감 넘치는 포스보다는 하나만 보지 않고 두루 볼 수 있어야 하고, 인간의 가능성을 믿어 교육을 위한 교육이 아니라 사람을 위한 교육이 되도록 이리저리 애쓰며 고민하는 사람이라고 생각한다. 그런 의미에서 나는 오늘 공개수업을 베테랑답게 당황하지 않고 수업에 의미를 담아 마무리했다.

마무리 활동으로, 속담을 넣어서 친구들이나 선생님 또는 줌(zoom, 화상회의 플랫폼이지만 코로나19로 원격수업시 서로 얼굴을 보며 쌍방향으로 수업하기 위해 주로 사용함)으로 공개수업을 보고 계시는 부모님께 이야기해보자고 했다.

"고기는 씹어야 맛이고, 말은 해야 맛이라고 했습니다. 저희 부모님께 하고 싶은 말이 있습니다. 학원을 좀 줄여 주었으면 좋겠습니다. 쉴 시간이 전혀 없어 힘들어요."

"그렇지요. 학부모님 공개수업이니까 부모님께 직접 하지 못했던 말을 이 기회에 속 시원하게 해봐도 좋을 것 같아요. 오~

그런데 사용한 속담이 상황에 맞지 않는 듯 하면서도 너무나 잘 맞는데요. 현철이 부모님, 안녕하세요. 보고 계시죠? 현철이가 학원 다닌다고 쉴 시간이 좀 부족하다고 합니다. 오늘 저녁에 공개수업에 관한 이야기도 하시면서 오늘 현철이가 발표한 내용에 대해 대화해 보셨으면 좋겠습니다."

그러고 보니 난 베테랑답게 자연스럽게 수업을 아이의 삶으로 연결시켰다. 아니, 공개수업 때 공개적으로 속마음을 이야기한 현철이 녀석이 더 베테랑인가?

학교 교사와 학원 강사의 교육 서비스의 질을 비교하는 사람들이 있다. 이것은 교육이란 것을 얼마나 장기적 또는 단기적인 것으로 보느냐의 차이인 것 같다. 학교 교육은 아이들을 성숙한 인간으로 만들기 위해 학습, 태도, 관계를 익히는 곳이라면 학원 교육은 그 시기의 학업성취를 위해 학습을 집중적으로 익히는 곳이다.

다음 날, 공개수업에 대한 학부모 참관록을 받았다. 사실 학부모님들은 그날 수업이 세 가지 주요 활동과 그 활동들이 어떤 방법으로 진행될 것이라는 것을 알지는 못한다. 그렇지만 도둑이 제 발 저린다고 혹시나 '활동 3을 온라인 공유 게시판에 글로 올려서 피드백을 받는 것이 아니라 말로 발표하는 것으로 급하게 변경시킨 것이 표시가 났을까? 6학년 아이들에게 몸짓 스피드 퀴즈는 유치했고, 퀴즈 시간이 너무 길었다고 이야기하지는 않았을까?' 하는 착잡한 마음으로 참관록을 읽어보다가 나는 너무나 당황스러웠다.

- 마지막에 속담을 넣어서 말하기에서 '가는 말이 고와야 오는 말이 곱다'라며 학교 폭력을 예방하자라고 말한 학생의 발표가 인상적이었습니다. 차분한 목소리로 말하는 모습에서 어쩌면 학생의 경험이 반영된 발표가 아니었을까 하는 생각이 들었습니다.
- 그룹 수업을 통해 아이들이 의논하고 소통하여 수업하는 모습이 인상적이었습니다. 한 명씩 발표하여 자존감이 올라가는 부분도 좋겠지만 저는 아이들이 서로 자신의 생각을 반영하여 기록하며 협동하는 모습이 좋았습니다. 모든 학생들이 즐겁게 참여하는 수업이었던 점이 인상적이었고, 속담을 퀴즈로 게임으로 몸으로 표현하며 다양하게 익히고 적극적으로 참여하는 가운데 배움이 일어나는 창의적인 수업이어서 좋았습니다.
- 속담을 글로 보고 몸으로 표현해서 맞추는 스피드 퀴즈 수업 방법에 많이 놀랐습니다. 딱딱한 수업 방식에서 많이 벗어난 참관 수업은 보았지만 이렇게 참여도를 높이는 수업은 처음이었기 때문입니다. 모둠 친구들을 위해 어색해하면서도 열심히 몸으로 표현하고, 표현하는 친구의 모습에 집중하고 속담을 맞추려 애쓰는 모습이 대견하고 기특했

습니다. 저 또한 덩달아 맞춰보고 표현 방법을 고민한 시간이었습니다. 어느 한 학생도 소외되지 않고 참여했던 오늘의 수업은 학생도, 참관하는 저도 즐거운 수업이었습니다.

　한마디로 칭찬 일색이었다. 아무리 익명이라고는 하지만, 물론 교사에게 제출하는 것이니 예의상 좋게 썼을 수도 있지만 그래도 이건 나의 생각을 너무 빗나가 버렸다. 20년 이상의 경력이건만 이렇게까지 학부모의 생각을 제대로 알고 있지 못했던가? 한없이 부끄럽고 반성 되고 고민이 되는 시간이었다. 결국 나는 베테랑이 되지 못했다.

8

신뢰할 수 없었던 멘토

'멘토'라는 단어는 고대 그리스의 서사시 〈오디세이(Odyssey)〉에 나오는 오디세우스의 충실한 조언자의 이름에서 유래한다고 한다. 오디세우스가 트로이 전쟁에 출정하면서 집안일과 아들 교육을 자신의 친구인 멘토에게 맡기고 떠난 뒤부터 그가 돌아오기까지 무려 10여 년 동안 멘토는 친구, 선생, 상담자, 때로는 아버지가 되어 아들을 잘 돌봐주었다. 이후로 멘토라는 그의 이름은 지혜와 신뢰로 한 사람의 인생을 이끌어주는 지도자의 동의어로 사용된다고 한다. 즉 멘토는 현명하고 신뢰할 수 있는 상담 상대, 지도자, 스승, 선생의 의미이다. 그리고 멘토의 상대자를 멘티라고 한다.

학교에서도 신규교사와 고경력 교사의 멘토링 제도가 있다.

모든 학교마다 있는 것은 아니어서 나는 딱 한 번 고경력 교사로서 멘토링 활동에 참여한 적이 있었다. 힘들었던 나의 처음이자 마지막이었던 멘토링 활동은 벌써 7년 전의 일이다.

당시의 일을 기억하며 글을 쓰려고 이제서야 멘토의 정확한 뜻을 찾아본 나는 순간 멍해지고 말았다. 어쩌면 그 선생님은 나를 신뢰하지 않은 것이 아니라 신뢰하지 못한, 그러니까 나는 그 선생님에게 신뢰할 수 없었던 상담 상대였기 때문이었는지도 모르겠다. 7년 동안 간간이 그때 그 일을 언급하며 나는 신규교사 멘토링 제도에 호의적이지 않았다. 그러나 이 모든 일이 어쩌면 나로 인해 생긴 것일지도 모른다는 생각이 뒤늦게 든다.

그때 그 학교에는 유독 1, 2년차 신규교사가 많았다. 덕분에 신규교사 수업 멘토링 계획서에서는 동학년별로 멘토 교사와 멘티 교사를 엮었고, 5명의 동학년 교사로 이루어진 우리 학년은 2명의 40대 중반 교사와 2명의 신규교사가 각각 멘토와 멘티로 엮어져 있었다. 즉 1년차 신규교사는 옆 반의 부장교사와, 2년차 신규교사는 그냥 평교사인 나와 같은 팀이 되었다.

원래 신규교사 멘토링 제도라는 것은 신규교사가 학교 현장에서 겪는 어려움을 해결하고 현장적응력을 신장시켜주기 위하여 선배 교사가 도움을 주는 전문적인 인력풀 제도이다. 따라서 1년 동안 신규교사의 학급경영, 수업, 학생지도 등 전반에 걸쳐

선배 교사가 다양하게 상담하고 도움을 주는 것이었다. 하지만 우리 학교는 신규교사의 수업공개를 앞두고 급히 수업 멘토링 계획을 발표했고, 나는 멘토 교사가 되어 있었다.

계획은 계획일 뿐이라서 사실 학교 현장에서도 계획과 달리 실제로는 진행하지 않는 경우들이 많았다. 내가 멘토 교사가 된 이 계획도 멘토링이 주가 되는 것처럼 보여도 사실은 신규교사들의 공개수업이 주가 되는 활동이기에 실제로 멘토링이 전혀 이루어지지 않아도 딱히 뭐라 할 사람은 없었다.

그런데 어느 날 내가 복도를 지나 화장실로 가는데 우리 학년의 또 다른 멘토링 팀이 교실에서 이야기를 하고 있고, 옆에는 교과서와 교사용 지도서가 놓여 있었다. 1년차 신규교사는 아무래도 막막했던지 일찍부터 멘토 교사를 찾았고, 그렇게 그 팀은 지속적으로 멘토링을 했다. 하지만 나의 멘티 교사였던 2년차 신규교사는 한 번도 나를 찾지 않았다. 아직 공개수업에 별 고민이 없을 수도 있고, 수업지도안을 안 짰을 수도 있기에 나 역시 그냥 가만히 있었다. 무엇이든 때가 되어야 하니까.

문제는 한 학년에 두 팀이 있는데 한 팀은 열심히 활동하고 있고, 또 다른 팀은 아무것도 하지 않는 것처럼 보이니 이래도 되나 싶었다. 상대가 다가오도록 기다리지 말고 멘토 교사인 내가 먼저 다가가서 물어봐야 하는 것이 아닌가 싶어 마음이 조급

해졌다. 나는 조심스레 멘티 교사에게 수업 준비상황을 물었다. 내 걱정과는 달리, 멘티 교사는 경력 2년차답게 지도안도 이미 짜놓았고, 수업 준비도 착실히 하고 있다며 내게 수업지도안을 보여주었다.

내가 언뜻 보기에도 지도안은 빠진 것 없이 잘 짜여 있고, 수업 내용도 괜찮았다. 다만 수업의 시작인 동기유발 내용이 너무 길고 지루한 것 같아서 그 부분을 좀 줄이거나 다른 것으로 해보는 것도 좋을 것 같다고 최대한 절제해서 조언해주었다. 그런데 다음 날, 멘티 교사가 우리 교실로 나를 찾아왔다.

"선생님께서 제 수업지도안을 보고 여러 이야기를 해주셨지만 저는 제 수업지도안이 괜찮다고 생각합니다. 그래서 기분 나쁘실지는 모르겠지만 저는 제 뜻대로 할 거예요."

이 상황이 뭐지? 순간 멍했다. 하지만 전혀 내색하지 않고 차분히 말을 이어갔다.

"아니요, 선생님, 기분 나쁘지 않아요. 저도 선생님의 지도안을 살펴보기 위해 지도서도 찾아보고 했지만 그래도 선생님께서 본인의 수업을 위해 고민하고 연구한 시간하고는 비교할 수가 없을 거예요. 그러니까 그 수업에 대해 가장 잘 알고, 잘 할 사람은 바로 선생님이세요. 제 말에 부담 갖지 말고 그냥 선생님 생각대로 하시면 됩니다. 선생님 수업이잖아요."

그렇게 나의 수업 멘토링은 끝이 났다. 나는 멘티 교사의 공개수업에 더 이상 관심을 기울일 수 없었고, 관심을 기울이지도 않았다. 그 선생님의 말이 틀린 말도 아니다. 자신이 며칠 밤낮을 연구하고 고민해서 짠 계획서에 뒤늦게 누가 이상하다고 고치라고 하면 나라도 속상할 것이다.

멘토링으로 인한 불편한 관계와는 상관없이 시간은 잘도 흘러갔고, 이제 신규교사의 공개수업이 시작되었다. 옆 반의 멘토 선생님은 전담시간이라며 멘티 선생님의 수업을 보러 간다고 했지만 나는 관심을 갖지 않았다.

그런데 그날 오후, 지난번에 대뜸 자신의 뜻대로 수업지도안을 짜겠다고 얘기했던 멘티 교사가 우리 교실로 나를 찾아왔다. 그러나 무슨 일이 있었는지 교실에 들어오는 자세가 저번하고는 확연히 달랐다.

"선생님, 죄송해요. 교감선생님께서 제 지도안을 보시더니 선생님께서 하신 이야기와 똑같이 말씀하시네요. 그래서 고쳐서 수업하려고 해요. 그때 무례하게 말해서 죄송합니다."

그 선생님은 나한테 무슨 말을 하려고 했을까? 그때의 무례함을 사과하려고? 내가 이야기한 것들이 틀리지 않았음을 알려주려고? 같은 말이지만 나의 말은 거부하고 교감선생님의 이야기에는 고개를 끄덕인 것이 미안해서?

그때 든 내 솔직한 생각은 차라리 그 선생님이 교감선생님이든 그 누구든 다른 사람의 조언이 자신의 생각과 달라도 그냥 자기의 뜻대로 쭉 밀고 나갔다면 하는 바람이었다. 그래서 시행착오를 하든 성취감을 느껴보든 그렇게 했더라면 난 그 선생님을 주관 있는 꽤 괜찮은 신규교사의 모습으로 기억했을 것이다. 그러나 나는 당시 그 선생님의 말에서 내가 교장, 교감 같은 관리자가 아니라, 하물며 부장교사이지도 않았던 그냥 평범한 아줌마 평교사라서 그러지 않았을까 하는 씁쓸함을 느꼈다.

그 후부터 나에게 신규교사 멘토링 제도는 부담스러웠다. 그리고 다른 사람의 공개수업 전후에 수업에 대해 조언이나 평가도 잘 하지 않게 되었다. 사실 공개수업을 준비하는 교사 자신이 누구보다도 열심히 교과서를 보고 참고자료를 찾고 학급 아이들의 실태를 점검했을 테니까. 게다가 요즘 학교 현장에서도 수업 공개 후 예전 같은 비판이나 반성보다는 좋은 점을 서로 이야기하며 훈훈하게 마치는 분위기다.

그럼에도 변하지 않는 것이 있으니, 멘토란 현명하고 신뢰할 수 있는 상담 상대라는 사전적인 의미이다. 그때 나의 멘티였던 그 신규교사에게 있어 나는 현명하지도 신뢰할 수 있게 보이지 않았던 상대라서 그랬던 것이 아니었을까 하는 생각이 든다. 그래서 나에게 먼저 물어보지도 않았고, 나의 말을 신뢰하지 않은 것이 아니었을까? 만약 그 선생님에게도 내가 아닌 다른 사람이 멘토였다면 부장교사팀처럼 서로 신뢰하는 분위기의 멘토링이 되지 않았을까? 꼬리에 꼬리를 물며 여러 생각들이 이어졌다.

문득 입장을 바꿔 생각해보니 그 선생님도 갑작스럽게 나의 멘티로 지정되고 나서 당황스러웠을 것이라는 생각이 들었다. 그 선생님은 나보다는 교감선생님처럼 좀 더 현명하고 신뢰할 수 있었던 멘토를 원했던 것일 수도 있다. 멘토링 활동의 목적이 무엇이든지 간에 결국에는 멘토와 멘티가 대화와 소통을 통해 서로 간의 신뢰를 쌓고 좀 더 인간적으로 친해지는 것이 중요하다.

7년이 지나고 나서야 나는 그때 그 상황에 대한 또 다른 대답을 찾은 것 같다. 그리고 다시 정정한다. 신규교사 멘토링 제도는 꽤 괜찮은 제도이고, 다만 멘토-멘티를 무조건 이어주지 말고 원하는 이들이 팀을 서로 선택할 수 있게끔 해야 할 것이다. 예전 TV 연애 매칭 프로그램에서 유행하던 사랑의 작대기처럼 말이다.

9

괜찮은 중견으로 살아남기

일반 직장이나 관공서에서는 1월에 한 해의 업무를 시작하는 시무식이 이루어지지만, 초등학교에서의 1월은 아직 이전 해의 업무를 마무리하는 시기이다. 2월이 되어야 일 년 동안 맡게 될 학년과 업무가 정해지고, 한 해의 새로운 시작은 3월부터 진행된다.

사실 교사에게는 담당 학년뿐만 아니라 담당 업무 배정도 중요한데 그 학교에 있는 교사의 수만큼 학교의 업무가 나누어진다. 교장, 교감의 업무 아래로 교무부, 연구부, 정보부, 생활부, 방과후학교 등의 각 부별로 총괄을 맡은 부장교사의 업무가 있고, 각 부에는 그 부서의 업무추진을 위해 독서교육, 진로교육, 기초학력, 학습준비물, 전출전입 업무 등으로 업무가 또 나누어져 있다.

선생님들에게 있어 학교의 모든 업무 처리가 힘들고 어렵지만 그래도 일반적으로 교사들이 특히 기피하는 업무가 있기도 하는데 학교 교육과정이나 학교폭력, 방과후학교 등이 그렇다. 그만큼 복잡하거나 힘들고 귀찮은 일이 많기 때문이다.

복도의 정수기 앞에서 지난해 옆 반 선생님을 만났다. 작년에 그 선생님은 학교폭력 업무를 담당하는 생활부장이었고, 나는 방과후학교(사교육비를 절약하기 위해 학교에서 정규수업시간이 끝난 후에 학교 내에서 개인 강사와 진행하는 교육활동 프로그램) 부장을 맡아 퇴근시간 이후에도 남아서 동병상련으로 서로의 업무에 대해 하소연을 하던 선생님이었다.

"작년 동학년 선생님들 한 번 만나서 밥 같이 먹어요. 언제 볼까요?"

놀랍게도 서로가 보기에 상대방의 얼굴 표정도, 여유 있는 몸동작도, 심지어 말하는 속도조차 작년과는 달랐다. 우리는 둘 다 작년에 하던 업무에서 손을 뗐다.

작년에 우리는 서로 자신들이 맡은 업무는 교사가 할 게 아니라고 투덜거렸다. 교사가 경찰이냐고? 교사가 학원장이냐고? 옆 반 선생님은 학교폭력 관련 사건이 생길 때마다 매번 사안조사를 했고, 피해 학생과 가해 학생뿐만 아니라 그들의 부모와 상담했으며, 그리고 조사서를 작성했다. 나는 방과후학교 강사님들의 강사료와 재료비를 확인하고 수업 스케줄을 조절했으며, 강사를 뽑는 업무까지 맡아야 했다.

학교에서는 학년 말에 선생님들이 다음 해의 새로운 학년과 업무 희망을 적어낸다. 나는 지난 일 년간 발병한 역류성 식도염, 고지혈증, 우울증, 섬유선종, 자궁근종, 갱년기 장애, 오십견 등 다양한 병명들을 빼곡히 늘어놓으며 올해는 건강상의 이유로 도저히 부장업무를 못하겠다고 적었다. 그리고 옆 반 선생님은 학년 및 업무 희망서를 제출하면서 학교폭력 업무로 인해 지난 해 몸과 마음이 얼마나 힘들었는지를 빽빽이 적어서 제출했다고 한다. 정성이 통했는지 덕분에 우리는 그 업무에서 벗어났지만, 또 다른 두 분의 선생님들이 그 업무들을 맡게 되는 과정을 지켜보며 마음이 불편했다.

흔히 교사는 아이들만 가르쳤으면 좋겠다는 말을 많이 한다. 아이들을 가르치는 것보다 더 중요하고 긴급한 것 같은 학교 업무를 처리하느라고 정작 수업을 위한 연구 시간은 턱없이 부족하다. 학교 업무라는 게 학생들을 전인적으로 다양하게 교육시키기 위해 학습 기자재도 준비하고, 학습준비물도 사고, 무엇을 어떻게 가르칠 것인지 교육 계획도 세우고, 안전교육을 한 다음에 보고도 해야 하고, 도서실 소파도 사야 한다. 그밖에도 학생

교육을 위해서 필요한 업무는 무궁무진하다. 그래서 겉으로 드러나지는 않지만 진짜 중요하고 더 힘든 학급 운영은 업무라고 부르지도 않는다. 아무튼 업무도 잘 하고, 수업 준비도 잘 하는 것은 쉽지 않다. 물론 어디서든 슈퍼맨, 슈퍼우먼은 있겠지만 말이다.

40대 중후반의 부장교사였던 나는 업무 때문에 내내 힘들어했다. 어떤 업무든 2년을 넘긴 적이 없다. 정보부장도 1년 했고, 학습부장도 1년 했고, 체육부장도 1년 했다. 방과후부장은 2년을 했지만, 학교를 이동하다 보니 이전 학교와 운영 체계와 방식이 달랐다. 일반 직장과는 달리 학교에서는 교사가 원치 않으면 업무가 매년 바뀔 수도 있고, 담임을 맡은 학년이 매번 바뀐다. 그래서 업무에 대한 체계의 연속성과 업무에 대한 데이터베이스화가 약하다. 학기 초에는 새로 맡은 학생들에 대한 파악뿐만 아니라 새로 바뀐 업무에 대한 이해로 정신이 없다. 업무에 대한 전문성을 가지고 쭉 이어서 하고 싶었지만 어쩌다 맡게 된 어렵고 힘든 업무는 그만하고 싶었고, 운 좋게 맡게 된 덜 바쁘고 가벼운 업무는 선생님들 모두가 하고 싶어하기에 혼자 오래할 수가 없다.

작년 업무 희망서에 건강 문제로 방과후학교 부장을, 아니 부장업무를 그만하겠다고 적어서 제출했더니 교감선생님께서 우리 반 교실로 찾아오셨다.

"김 부장, 잠시 들어가도 될까요?"

몸은 괜찮냐며 이야기를 먼저 시작하셨지만 선뜻 말을 잇지 못하고 나만 바라보셨다. 그 침묵을 견디다 못해 내가 먼저 말을 했다.

"힘드시죠?"

교감선생님께서는 방과후학교 부장업무를 새롭게 맡을 선생님은 지금 찾고 있다고 하셨다. 그러시면서 대신 내가 6학년 담임을 희망했으니 6학년 부장을 해줄 수는 없는지 물어보셨다. 6학년 부장업무를 맡으려는 선생님이 없다고 이런저런 어려운 상황을 이야기하며 부탁하셨다. 나는 한참 이야기를 듣고 나서 승낙을 하고 말았다. 중견교사는 그랬다. 학교 사정과 학교관리자의 상황을 이해하기 때문에 나 몰라라 하며 단호하게 거절하기에는 뒤통수가 너무 당겼다.

중견간부, 중견기업, 중견배우 등 중견이라는 낱말은 어떤 단체나 사회에서 중심이 되는 사람 또는 지위와 규모는 그다지 높거나 크지 아니하나 중심적 역할을 하거나 확실한 업적을 올리고 있는 사람이나 단체를 의미한다고 한다. 실력 있는 중견배우가 있어 드라마는 더 공감이 되고, 튼튼한 중견기업이 있어 우리 경제는 희망이 보인다.

그러나 중견교사를 보는 시선은 안팎으로 그렇게 긍정적이진 못한 것 같다. 입학식 때 학부모님들은 1, 2학년은 편해서 나이 든 50대 이상 교사들이 주로 담임을 한다고 웅성거리고, 학교에서는 전입교사 중 50대의 교사가 많으면 일할 사람이 많이 오지 않는다고 걱정한다.

그리고 보면 중견배우 역시 때로는 주인공이 되기도 하지만 대부분 젊은 주인공의 주변 인물로 그 역할을 하거나 감초 같은 역할을 한다. 중견기업 역시 그 위치가 애매해서 어떨 때는 중소기업과 같이 묶여 중소, 중견기업의 실적이 날로 악화되고 있다고 하고, 어떨 때는 대기업과 묶여 대기업, 중견기업에 도전해보라고 한다.

그렇다면 중견이란 그 사전적 의미처럼 지위는 높지 않으나 중요한 일을 많이 하는 사람인가? 지위가 높지 않은데도 중요한 일을 해야만 하는 중년이 고달프고, 중요한 일을 함에도 불구하고 지위는 그대로인 중년이 애잔하다.

일반적인 직장에서 부장이 된다는 것은 사원으로서 모두가 바라는 승진으로 축하받는 일이다. 그렇지만 학교에서는 직급이 같은 다수의 교사들 중에서 책임지고 일을 할 몇 명의 부장교사가 필요한 것이지, 부장교사가 되고 나서 그 다음은 교감, 교장으로의 승진으로 이어지는 것도 아니다. 그렇기에 교장으로 이어지는 승진의 길을 밟지 않으려는 또는 그 길을 밟지 못하는 대다수의 교사들에게 있어 일만 많고 책임만 많은 부장교사는 그리 선호할 만한 것은 아니다. 특히나 워라벨을 중요하게 생각하는 요즘에는 더욱더 그렇다.

그럼에도 불구하고 교감선생님과 비슷한 나이대가 되어가는 중견교사라는 입장에서 부장교사를 뽑아야만 하는 교감선생님과 학교의 상황을 모른척할 수가 없어 올해만이란 단서를 붙여 교감선생님의 수고로움을 덜어주고 싶었다.

그러고 보니 나는 맡은 업무가 가벼울 때 학급에서 아이들과 많은 일을 도모했던 것 같다. 물론 쉬운 업무가 어디 있느냐 다 힘들다 그러지만, 그래도 지나고 보니 좀 가벼운 업무가 있긴 했다. 독서공모전에 우리 반 모두가 참여했을 때도, 우리 반 아이들과 한자 8급 시험을 치러갔을 때도, 우리 반 아이들과 대학교 탐방을 갔을 때도, 우리 반 아이들과 그림책을 만들었을 때도 모두 나의 업무가 그래도 가벼웠던 것 같다. 에너지 총량 보존의 법칙처럼 업무 총량 보존의 법칙이 있나 보다. 돌이켜보면 학교 전체를 위한 업무로 힘들었을 때는 학급 아이들을 위한 고민은 덜 하게 되고, 학교 전체를 위한 업무가 가벼웠을 때는 학급 아이들에게 더 많은 관심을 쏟을 수 있었다. 어떤 것이 교육에 득이 되는 걸까?

때로는 선배답게, 때로는 푼수같이 아랫세대와 윗세대 사이에서 적절하게 교류하여 세대 간의 가교역할도 해야 하고, 그러면서도 같이 일하는 조직 구성원들에게 도움이 될 수 있는 중년으로 살아남기가 쉽진 않다. 그래서 오늘도 아슬아슬한 줄타기 중이다. 그 줄에서 편안하고 신명나게 노는 중견교사를 많이 봤으면 좋겠다.

제3부

느리게 나이 드는 법

1

부모님 알기 비밀 프로젝트

우리는 흔히 다른 사람에게는 친절히 대하고 그들의 기념일을 기억하는 등의 감동을 곧잘 주지만, 정작 부모님께는 그렇지 못한 경우가 많다. 부모님은 자식의 모든 것을 알고 싶어하지만 자식들은 부모님에 대해 알지 못했고, 알려고도 하지 않는다.

사실 우리네 중에 부모님께서 졸업한 초등학교 이름을 아는 사람이 몇 명이나 있을까? 부모님이 자식들에게 갖는 관심의 반의반이라도 우리 자식들이 갖게 하기 위해 나는 5월 가정의 달을 맞이하여 우리 반 아이들을 대상으로 '부모님 알기 비밀 프로젝트'를 기획했다.

"이 프로젝트가 끝날 때까지 비밀입니다. 우리 반 이외에서는 다른 반 친구에게도, 가족에게도 절대 프로젝트에 대해 말하지 않아야 합니다. 한 사람의 말실수가 여러분의 서프라이즈 프로젝트를 망쳐버릴 수 있으니 조심해 주세요."

결과적으로, 우리 반 아이들 모두가 이 프로젝트의 3가지 미션이 진행되는 한 달 동안 비밀을 어느 누구에게도 절대 말하지 않고 지킴으로써 비밀 프로젝트를 성공적으로 마칠 수 있었다.

1) 첫 번째 미션 - 내가 쓰는 부모님 그림책 프로젝트

나는 문구점 코너에 가면 요즘 젊은 세대의 재미있고 톡톡 튀는 아이템들이 많아서 꼭 둘러보게 된다. 얼마 전에는 재미있는 책을 구경했었는데 〈연애 모의고사〉, 〈결혼 테스트〉, 〈부모님 문답 노트〉 같은 것들이다. 특히 〈결혼 테스트〉 책은 진작 이런 것이 있었다면 결혼 전에 한 번 봤으면 좋았을 걸 하는 아쉬움이 든다. 지금 사서 풀었다가 '이 결혼 물려야 해!' 할 것 같아서 혼자서 비닐로 싸인 책을 만지작거렸다.

하지만 여기서 얻은 아이디어가 우리 반 수업에 이어졌으니 나로서는 의미 있는 큰 소득이었다. 바로 부모님 알기에 관한 수업 활동이다. 우리가 흔히 잘 안다고 생각했던 친구조차 지금의 모습이거나 겉으로 보이는 모습으로만 알고 있는 경우가 많다. 가끔 그들의 예전 이야기나 속마음을 알게 되었을 때 놀라기도 하는데, 그래서 우리 반 아이들에게 자신의 부모님에 대해 알아보자고 실시한 활동이 5월 어버이날을 앞두고 실시한 '내가 쓰는 부모님 그림책 프로젝트'이다.

부모님은 아이들의 출생부터 지금까지 아이의 친구가 누구인지, 어느 유치원과 학교를 다니며, 심지어는 학원 스케줄까지 꿰고 있는데 아이들은 부모님의 과거에는 전혀 관심이 없었다. 그래서 우리 반 아이들로 하여금 부모님의 일대기를 그림책으로 만들어 깜짝 선물로 드리자고 했다. 이 서프라이즈 활동을 위해 부모님이 눈치채지 못하게 조사하는 과정이 꼭 필요한데, 이것이 생각보다 길어졌다. 아이들은 부모님께 여쭤보면 부모님이 눈치챌 거라고 걱정했고, 나는 무심하게 슬쩍 묻는 방법을 지도했다. 아래처럼 말이다.

"엄마, 학교 갔다가 학원까지 가야 해서 너무 바쁜데 엄마 때도 학원 다녔어요? 참, 엄마는 어느 초등학교 나오셨어요?"

"엄마, 어제 학교에서 무슨 이야기하다가 고향 이야기가 나왔는데 내 고향은 부산이지? 엄마도 부산이야?"

"어머니, 이제 나도 곧 중학생이 되는데, 중학교에서 잘 할 수 있을지 걱정이에요. 어머니의 중고등학교 생활은 어떠셨어요?"

이렇게 여쭤보면서 부모님의 정보를 수집한 다음에 그걸 빳빳한 빈 종이에 한 면씩 글과 그림으로 채워나가기로 했다.

아이들은 틈날 때마다 대화를 주고받으며 부모님의 출생부터 초등학교, 중고등학교, 결혼 전 이야기, 부모님께서 서로 만난 과정, 자신들을 낳아 키우는 이야기, 부모님의 꿈과 가장 슬펐을 때나 기뻤을 때 등을 조사했다. 그리고 정성을 쏟아 글과 그림으로 완성했다. 거기에 표지와 마지막으로 작가의 말까지 넣어 모두 8면의 그림책을 완성했다.

- 우리 엄마는 나를 37살에 낳으셨다. 나는 유산될 뻔했지만 뱃속에 있는 것을 알고 다행히 살았다.
- 우리 엄마는 국민학교를 다니셨다. 우리 엄마는 공부를 못했다고 합니다.
- 우리 아빠는 중학교 때는 친구들과 재미있게 정신없이 놀았고, 고등학교 때에는 심한 사춘기가 와서 고민도 많고, 반항도 많았다.
- 고등학교 친구의 회사 동기분을 소개받아 그분의 오랜 구애 덕에 결혼까지 골인했다.
- 전국의 수많은 엄마들에게 감동을 선사한 베스트셀러 〈우리 엄마〉 절찬리 판매중!

학급 아이들이 그림책을 만드는 과정을 함께하면서 나도 내 자녀에게 선물 받고 싶은 마음이 들기도 했고, 한편으론 나 역시 우리 부모님에 대해 너무 모른다는 생각이 들며 후회와 반성이 되었다.

사실 나는 한 번도 우리 부모님의 출생이나 학창 시절에 관해 여쭤본 적이 없었다. 어릴 때 꿈은 뭐였을지, 무엇을 잘하셨을지가 궁금하지도 않았고, 부모님의 어린 시절에는 관심이 없었다. 그 시절에는 우리 모두가 그랬다고 변명하지는 않으려 한다. 부모님의 어린 시절에 대해 궁금해하면서 열심히 부모님에 대한 정보를 알아가는 우리 반 아이들이 부러웠고 대견했다.

그리고 내가 기획하고 일을 벌였지만, 선생님을 믿고 따라와 준 아이들이 무척이나 고마웠다. 아마 아이들 부모님 마음도 나와 같은 심정이 아닐까. 이윽고 집집마다 감동의 물결이 일렁이고 있었으니, 아이들이 거의 두 달에 걸쳐서 완성한 그림책을 받아든 부모님들은 북받치는 감정을 추스르느라 여념이 없었다.

– 두 달 동안 소소한 대화들을 기억해서 기록한 그 마음과 노력이 감사
  한 순간입니다.
– 잊고 있었던 저의 과거가 고스란히 담겨 있더라구요. 나름 열심히 살
  아왔는데, 딸한테 인정받는 기분에 감동 가득이었습니다.
– 딸이 쓰는 엄마의 자서전을 열어보다가 눈물이 핑 돌더라고요. 저조차
  도 잊고 있던 태몽 이야기, 제 중고등학교 시절, 인생의 전성기와 힘들
  었던 순간을 적어놓은 딸의 정성과 관심에 감동해서요. 딸의 사춘기

뿐 아니라 위로가 필요한 순간 열어보려 합니다.

부모님들이 각각 전하는 반응을 접하며, 나 역시도 감동했다. 아울러 무척이나 부러운 순간이기도 했다.

'나도 이런 것 하나 받고 싶다고, 아들아~'

2) 두 번째 미션 - 부모님의 마음으로 기르는 식물 프로젝트

초등학교에서는 식목일을 전후해서 화분에 씨앗을 심거나, 과학이나 실과시간에 관련 학습 주제로 학교에서 식물을 기르기 위해 미니 화분에 토마토나 상추, 봄꽃 등을 주문하곤 한다. 올해도 학습준비물로 주문했건만, 입찰하고 계약하는 과정에서 지체되는 바람에 5월이 다 되어서야 받을 수 있었다.

식물을 기르기 위해서는 햇빛이 필수적이기에 학교 건물 방향이 중요하다. 즉 낮에 햇빛이 충분히 들어와야 하는데 우리 반 교실에서 식물을 키우기 어렵다는 것을 나는 작년에 알았다. 작년에는 학기 초에 토마토, 상추, 부추, 깻잎, 완두콩 등 아이들이 원하는 씨앗을 다 사다 주면서 야심 차게 출발했지만 성장이 시원치 않았다. 식물들이 힘없이 자라는 것을 보고 햇빛이 약해서일 것이라 판단해 식물재배용 LED 전등까지 설치했건만 싱싱한 채소를 보기 힘들었다.

그래서 올해는 품종을 바꿔 봉선화, 바질, 해바라기를 심기로 했는데, 아이들은 뽑기를 통해서 랜덤으로 식물을 정하고 그 씨앗을 화분에 심게 했다. 그리고 작년의 경험에 비춰 학교에서 기르는 것을 포기하고 씨앗을 심은 화분을 집으로 가져가게 했다. 그리고 식물의 싹을 틔우며 부모님의 마음으로 키우라는 의미를 더해서 과제를 알려주었다. 즉 아이가 태어나면 그 고마움과 소중함으로 사진을 찍어 남겨두는 것처럼, 흙을 뚫고 싹이 나오면 사진을 찍어 우리 반 온라인 게시판에 올리는 임무였다.

시간이 흐르면서 우리 반 온라인 게시판에 올라오는 식물 사진들이 늘어났고, 아이들이 게시판에 올린 사진을 다 같이 한 장 한 장 보면서 기뻐했다. 나는 식물의 성장에 대한 다양한 이야기를 해주면서 현재 자람의 정도를 점검해줬다. 식물의 종류별로 아이들을 모이게 해서 지금 얼마나 잘 자라고 있는지, 어떻게 하면 잘 키울 수 있는지 비결을 물어보며 수다를 떨게 했다. 한 아이가 비료를 조금 줬는데 잘 자랐다고 하니 다른 아이는 즉각 나도 그렇게 해볼까 반응했다.

나는 부모님의 마음이 되어 식물의 성장을 아이들에게 비유적으로 알려주었다. 너희들이 잘 자라고 있는 식물을 자랑하고 싶듯이 너희 부모님들도 너희들이 무엇인가를 잘하면 자랑하고 싶다고 했다. 너희들이 내 식물은 싹도 안 나는데 다른 친구의 식물은 얼마나 잘 자라는지 비교하게 되듯이 너희들의 부모님도 말은 안 하지만 그런 마음이 들 수도 있고, 혹시나 부모님께서 종종 다른 아이와 비교한다면 지금 너희들의 마음을 생각하며 이해하라고 일깨워주었다.

그리고 새싹 사진을 게시판에 올리지 않는 아이들에게는 주기적으로 어떤 상태냐고 물어보았다. 나는 아이들이 식물을 집으로 가져간 뒤에 신경 쓰지 않고 방치해두어 죽이게 하고 싶지는 않았다. 부모님의 심정이면 그렇게 쉽게 아이를 포기하지 않을 것이라고 했고, 너희들의 부모님은 너희들이 아프면 책도 찾아보고 병원도 데려가고 이런저런 노력을 한다고 했다. 화분에서 새싹이 돋아나지 않는 아이들에게는 조심스레 다른 식물을 길러보는 것도 제안해 보며 입양 가족에 대해서도 공부하는 시간을 가졌다.

그렇게 사진으로만 관찰하다가, 어느 날 식물동창회를 열기로 하면서 각자 키우고 있는 식물을 교실로 가져오게 했다. 그동안 사진으로만 보던 식물 화분을 안고, 또는 쇼핑백에 넣어 교실로 들어서는 아이들은 '우와' 하는 환호를 받았다. 해바라기는 정말 키가 컸고, 봉선화는 탄탄했으며, 바질은 생장 속도가 느렸다. 그걸 보며 나는 아이들에게 식물들처럼 각자 너희들도 기질이 다르며, 비교는 필요 없는 것이라고 이야기해주었다.

반 아이들 모두가 각각의 식물 성장 과정을 주기적으로 지켜보았으며, 여름방학 동안에도 식물의 성장 과정 사진은 온라인 게시판에 올라올 것이다. 처음에 화분과 씨앗을 주었을 때만 해도 나는 이렇게 멋지게 성장하리라고는 확신하지 못했다. 그렇지만 아이들은 식물의 부모 역할을 충실히 해냈다. 실제로 스스로가 식물의 부모라고 생각하지는 않았겠지만 나는 의도적으로라도 아이들에게 어떤 생물의 탄생부터 함께하며 '기른다'는 것의 의미를 느끼게 해주고 싶었다. 부모님의 마음으로 말이다.

3) 세 번째 미션 - 꽃반지 프로젝트

태풍이 몇 차례 불어오더니 유난히 가을 하늘이 높고 파랗다. 흰 구름에 자꾸만 눈이 가고, 고개를 들고 멍하니 하늘을 보는 일이 잦아진다. 예전에는 이렇게 파란 하늘에 마음이 뺏기지 않았던 것 같은데, 나이가 들었음에도 한동안 잊고 살았던 소녀 감성이 나풀거린다.

'예쁘다!'

며칠 전 유튜브에서 봤던 파란 하늘 배경의 분홍빛 코스모스 꽃반지 만들기 영상이 생각났다. 교사란 직업은 유튜브든 책이든 무엇인가를 보면 그것을 학급 운영이나 수업에 적용해보려는 아이디어가 떠오른다.

'그래, 이 꽃반지 만들기 활동을 '부모님 알기 비밀 프로젝트'와 같이 연계해서 해야겠다. 드디어 실행할 때가 됐군.'

사실 나는 매년 이 활동을 해왔다. 언제부터 시작하게 되었는지는 모르겠는데 20년 가까이 된 듯하다. 어느 해는 종업식날 해서 아이들을 울려서 집으로 보내고, 어느 해는 4교시 때 해서 아이들이 감정에 북받쳐 우느라고 점심을 거의 못 먹기도 했다.

아마 그 시작은 5월 8일 어버이날로 기억한다. 학교에서는 해마다 어버이날이 다가오면 다양한 방법으로 카네이션을 만들어 카드에 붙이고 부모님께 감사의 편지를 써서 집으로 보낸다. 어떨 때는 주름종이로 카네이션을 접기도 하고, 어떨 때는 카네이션 꽃바구니를 만들기도 하고, 어떨 때는 단순히 카네이션 그림을 그리기도 한다. 아이들은 키워주셔서 감사하다는 말과 예전에 잘못했던 것을 사과하기도 하고, 커서 집을 사드리겠다는 말도 한다. 이때 나는 아이들의 카드를 받으신 부모님께 답장을 써달라고 꼭 부탁한다. 절대 아이들이 미리 내용을 볼 수 없도록 밀봉해서 보내 달라고 하는데, 나중에 부모님에 대한 학습활동 후 편지를 전해주겠다고 평소에 자녀에게 하고 싶은 말을 써 달라고 한다.

20년 전에도 그랬고 올해도 그랬지만, 아이들은 부모님께 어버이날을 맞아 편지를 쓰고 카드를 써서 보냈지만 대부분은 부모님께 답장을 받아본 적이 없다. 그래서 내가 특별히 답장을 부탁했음에도 학급 25명 정도 되는 학생들의 부모님께 편지를 받는 일에 약 2달은 걸린다. 다들 금방 써주실 것 같지만 생각보다 바빠서 아이들에게 신경을 써주시지 못하는 부모님이 꽤 많다. 내가 왜 편지를 써달라고 하는지 이유를 적은 문자메시지를 보내고, 때로는 전화를 해서 사정을 설명해도 그렇다.

학급 전체 학생들의 부모님이 쓴 편지를 내가 다 받으면 이제 다음 단계로 넘어간다. 아이들이나 부모님들이 서로 편지를 주고받았다는 사실을 까마득하게 잊을 만하면 나는 교과 수업이 빡빡하지 않은 날을 택해서 아이들에게 책상 위에 연필과 빈 종이만 올려두라고 한다. 그리고 나를 행복하게 하는 것을 주제로 해서 글을 쓰고 난 뒤에 짝꿍에게 서로 자신이 언제 행복한지, 무엇이 나를 행복하게 하는지를 설명하게 한다.

그렇게 얼마간의 시간을 보내고 나면 나는 비장하게도 비행기 추락 사건과 그 와중에 쓴 어떤 아이의 편지에 관한 글을 읽어주고는 내가 그 아이였다면 뭐라고 쓸지 편지를 적어보라고 한다. 그리고 효과를 극대화하기 위해 책상을 치며 '쾅!' 소리와 함께 비행기가 추락했음을 알리고, 아이들에게는 눈을 감으라고 한다. 그리고 나는 아이들이 쓰다 만 편지를 하나하나 읽어준다.

'이제껏 고마웠어요.'

'엄마, 아빠, 어쩌면 내가 죽을지도 모르겠어.'

'아침에 엄마 반찬 맛있더라.'

'엄마, 내 인형은 동생 줘도 돼.'

'내가 먼저 가 있을게, 울지 마.'

이때부터 분위기는 숙연해지고, 몇몇 아이는 훌쩍거리기 시작한다. 그때 나는 돌아다니며 부모님들의 편지를 책상 위에 올려두고 눈을 뜨라고 한다. 아이들이 편지봉투를 뜯어 부모님의 편지를 읽는 시간은 조용하다 못해 적막하다. 쉬는 시간에는 뛰쳐나가서 놀아야만 하는 남학생들도 움직이지 않고 편지를 보고 또 본다. 훌쩍거리기도 하고, 몇몇은 책상에 엎드려 울기도 하고, 서로 울었냐며 물어보면서 다니기도 한다.

나는 부모님께서 아이에게 무엇이라고 쓰셨는지는 모른다. 아마 아이에게 미안한 것과 그래도 아이를 믿는다는 말, 사랑한다는 말들이 아닐까?

"부모님 편지를 소중히 간직해라. 그리고 다음 시간은 부모님께 꽃반지 하나 해드리자."

예전에는 편지 읽는 활동으로 끝이 났는데, 올해는 꽃반지 만들기 활동이 추가되었다. 종이와 모루로 만드는 코스모스 꽃반지가 자칫 유치하다고 아이들이 하기 싫다고 하지 않을까 싶었는데, 웬걸 너무나 진지하게 만든다.

아이들이 꽃반지를 다 만들었을 때 간단히 쪽지를 써서 끼우게 한 다음, 학급운영비로 구입한 부모님 건강에 좋은 녹황색 샐러드 주스를 주면서 꽃반지, 편지, 음료수의 3종 세트를 부모님께 드리라고 했다. 부모님 주무시는 머리맡도 좋고, 화장대도 좋고, 아무튼 발견하실 만한 곳에 두라고 했다. 이것도 서프라이즈 비밀 미션이었다.

다음 날, 엄마가 자신이 만든 꽃반지를 낀 손을 머리에 갖다 대며 '아이고, 머리야~' 했다는 드라마 같은 감동스런 후기를 한 아이로부터 들으며 꽃반지 활동도 마무리를 했다.

5월, 가정의 달을 맞아 진행된 우리 반의 부모님 알기 프로젝트는 어쩌면 내가 한 번쯤은 내 아이에게서 받고 싶은 마음에서 시작된 것인지도 모른다. 우리 반 아이들이 부모님에 관한 그림책을 만들고, 꽃반지를 만드는 것을 보면서 사실 나도 받고 싶었다. 그래서 아이 부모님들이 그것을 받는다면 얼마나 기분이 좋을지, 얼마나 감동 받을지를 알기에 비록 나는 받지 못하지만 대신 그런 기쁨을 드리고 싶었다. 대리만족, 보상심리 같은 거였다.

사람은 보는 만큼 알게 되고, 아는 만큼 이해하게 되며, 이해하기 때문에 배려할 수 있다 한다. 사실 내가 중년이 되기 전까지는 모든 사안을 교사와 학부모로 나누어 생각했었다. 그러나 이제는 교사도 학부모 마음을 이해할 것 같고, 학부모도 교사 마음을 이해할 것 같은 마음이다.

지금이라도 소중한 사람을 소중하게 대하며 표현해보자. 단지 내 옆에 있어 준다는 이유만으로도 내가 얼마나 감사하고 있는지를 생각만 하지 말고 말이나 글 또는 행동으로도 표현하자. 말하지 않아도 언젠가 알기는 하겠지만, 이제 그렇게 어렵게 살지 말고 조금 단순하게 살면 좋겠다.

2

그때로 다시 돌아간다면

초등학교를 졸업하는 6학년 아이들에게, 졸업을 앞두고 하고 싶은 말을 하라고 하면 중학생이 된다는 것에 대한 부담감 때문인지 다시 초등학교 1학년으로 돌아가서 마음껏 놀고 싶다는 말을 하곤 한다.

"정말? 1학년으로 돌아가서 실컷 놀다가 다시 6년 동안 공부해야 하는데?"

"아, 그건…."

하다못해 인생 13년 살아온 초등학생도 생각해 보는 과거로의 회귀인데, 50대에 접어든 내 나이까지 얼마나 많이 가정지어 봤을까? '그때 그것을 했더라면?', '그때 그렇게 하지 않았어야 했어' 하고 말이다.

아마 지금보다 더 나은 삶을 살 수 있을 것이라는 희망과 또 다른 삶의 모습에 대한 호기심이 다분히 있는 '다시 처음 발령받았던 신규 교사 시절로 돌아간다면?'이란 질문을 지금 스스로에게 던져본다.

나는 대학을 졸업하고, 그해 9월이 되어서야 교사발령을 받았다. 졸업 후 6개월 동안 아르바이트만 찾아다녔지 교사가 될 준비는 하지 못했다. 앞으로 30년 이상 '선생님'이란 이야기를 들으면서 지내야 하는 데에도 불구하고 교직에 대한 진지한 고민이나 설계는 하지 않았다. 발령 전에는 실감이 나지 않았고, 발령 후에는 정신이 없었다.

비장한 각오까지는 아니더라도 이런 교사가 되어 이렇게 아이들을 지도해야겠다는 포부도, 고민도 없이 교사 생활이 시작되었다. 그리고 믿기 힘들지 모르겠지만 지금까지 한 번도 삶의 방향과 미래의 삶의 모습에 대해 단 하루 동안이라도 붙잡고 진지하게 고민해 보지 않았다. 직장인들이 모두들 부러워하는 교직의 꽃이라는 방학이 있었지만, 그 기간은 미뤄두었던 집안일을 처리하거나 여행을 계획했으며, 원치 않았던 연수를 들었다.

방학 기간에 며칠만이라도 아니 단 하루라도 좋으니 혼자서 자신만의 휴가를 가졌으면 얼마나 좋았을까 싶다. 오로지 자신만을 위한 시간을 가지며 과거, 현재, 미래의 내 모습에 대해 상상의 나래를 펼쳐보았으면 한다. 멋진 청사진이 나오지 않아도 괜찮다. 책 한 권 들고 조용한 카페에 가서, 맛있는 것을 먹으며 책 읽다가 멍하니 풍경을 바라보다가 이렇게 혼자서 여유를 부리는 것도 좋을 것이다. 온전히 자신에 대해 고민하고 과거와 현재, 미래를 연결하려는 이러한 의식적인 노력이 결국 단단한 내면을 가진 교사로 성장하는 밑거름이 될 것이다.

호기심이 많은 나는 용두사미형 성향으로, 처음에는 한 번 해보겠다고 야심차게 시도했으나 끝은 흐지부지하게 하는 둥 마는 둥 조용히 마무리를 짓는 일이 많았다. 그렇지만 이렇게 여러 가지 일을 조금씩 시도한 덕분에 뭐 하나 잘하는 것은 없지만 어떤 주제가 던져졌을 때 '내가 예전에 말이야' 하며 운을 뗄 수는 있었다. 전 과목을 가르쳐야 하는 초등교사에게 깊은 지식은 부족하지만 어느 과목이든지, 어떤 주제든지 조금씩 이야기를 하고 가르칠 수 있는 나는 어쩌면 최적화된 맞춤형 초등교사가 아닐까 하고 혼자서 생각하기도 했었다.

그런데 말이다. 이제 와서 후회하면 무엇 하겠냐마는 젊을 때부터 적어도 한 가지 이상 꾸준히 무엇인가를 하는 사람이 되었으면 한다. 매일 몇 시간씩 할애해서 꾸준히 한다면 좋겠지만 그렇게 무리를 할 필요도 없고, 일주일에 몇 번 또는 한 달에 몇 번도 좋으니 꾸준히 관심을 갖고 실천하였으면 좋겠다. 그리기도 좋고, 명상도 좋고, 마라톤도 좋다. 독서도 좋고, 필라테스도 좋고, 요리도 좋다. 사진도 좋고, 캘리그라피도 좋고, 마술도 좋다. 무엇인가를 10년 이상 꾸준히 해왔다면 그 분야에 대해 거의 전문가가 되어 있을 것이고, 만약 전문가의 경지에 이르지 못하더라도 꾸준히 해왔다는 그 자체만으로도 은근하게 내비치는 내공은 결코 무시할 수가 없다.

오랜 기간 동안 꾸준히 한 것은 없지만 다양한 경험을 해본 나는 이래저래 다양한 주제로 이야기를 꺼내며 아이들의 흥미를 자극할 수는 있었지만, 좀 더 깊게 알고 싶고 탐구하고 싶은 아이들에게는 도움이 될 수 없었다. 꾸준히 갈고 닦아서 남다르게 잘하는 특기가 있다면 그것으로 학생들이나 누군가에게 자극을 주며 도움이 될 수도 있다.

무엇인가를 꾸준하게 하여 어느 정도의 성취를 이뤄낸 경험은 삶을 더욱더 다채롭게 하고, 또 다른 것을 도전하게끔 하는 디딤돌이 될 수도 있다. 직업 이외에는 아무것도 할 줄 아는 게 없다는 말보다는 관심 있는 분야를 찾아 꾸준히 노력하여 잘하는 것을 갖춘 개인 브랜드화는 교사로서의 자신감과 자존감을 갖게 할 것이다.

집에 사놓은 말랑말랑한 식빵이 시간이 지나니 딱딱해졌다. 그랬더니 나뿐만 아니라 가족 누구도 손을 대지 않았고, 빵은 얼마 동안 집 안에 있다가 음식물 쓰레기통으로 들어가 버렸다. 식빵이 말랑말랑했을 때는 이것으로 토스트 만들어 먹을까, 샌드위치를 만들까 하면서 고민도 하고, 아이에게는 이 식빵으로 무엇을 해서 먹고 싶은지 물어보기도 했다. 그러나 제때 먹지 못해 딱딱해지고 메마른 식빵은 더 이상 빵의 역할을 하지 못했다.

말랑말랑한 빵처럼 당신의 생각이 완고하지 않고 호기심을 갖고 자유로웠으면 좋겠다. 그렇다면 주위 사람들은 당신에게 관심을 보이며 이래저래 이야기를 나누고 싶어할 것이고, 당신 역시 누군가에게 무엇인가를 물어보기를 주저하지 않을 것이다. 수업 중에 궁금한 것은 아이들에게도 물어보고, 업무 중에도 모르는 것이나 부당하다고 생각하는 일이 있다면 망설임 없이 물어보았으면 좋겠다. 학급 일도 고민된다고 생각되면 부담 없이 옆 반 선생님이나 주변 선생님께 물어보았으면 좋겠다. '그래서 그랬을 거야', '어쩔 수 없잖아'라고 혼자만 생각하지 말고 자꾸 물어보자. '원래 이렇게 하는 거다'라고 단정 짓지 말고 '왜 그렇게 해야 하지? 다르게 해봐야겠다'라고 호기심을 갖고 자유롭게 행동하자.

학급의 아이들은 이런 나의 모습을 하루 종일 보고 있고, 의도하지 않았지만 그들은 이런 나의 모습마저도 보고 배운다. 어쩌다 보니 나에게도 생겨버린 딱딱한 생각과 이미지는 '왜?'라는 질문으로 다시 돌려본다면 어떨까? 딱딱한 식빵에 물을 뿌려 전자레인지에 돌리듯이 말이다.

마지막으로는, 자신을 사랑하는 것이다. 학교에서 아이들을 가르치다 보면 자존감이 있는 아이와 그렇지 않은 아이의 차이를 확연하게 볼 수 있다. 자존감이 있는 아이는 다른 아이들의 말이나 놀림에도 쉽게 흔들리지 않고, 소리 높여 선생님을 불러 이르지도 않는다. 그냥 신경 쓰지 않고 넘어간다. 자존감은 이렇게 순간의 기분에 흔들리지 않게 한다. 〈기분이 태도가 되지 않게〉라는 자기계발서의 제목처럼 순간의 기분으로 자신에게나 다른 사람에게 함부로 대하며 스스로를 힘들게 하지 않았으면 한다. 어렵고 힘든 상황에서 스스로 비참하게 만들지 말고 이 상황에 대한 나름의 의미를 부여하며 자신의 존재 가치를 인정했으면 한다. 다른 사람과 비교하다 보면 나만 못하고, 나만 처지며, 나만 어리석은 것 같다. 그렇지만 가만히 생각해 보면 나도 잘하는 게 있고, 꽤 괜찮은 면이 있다. 스스로 자신을 비하하는 어리석은 일을 벌이지 않고 여유로운 마음과 더불어 즐거움과 다정함을 간직했으면 좋겠다.

그리고 작은 일에도 감탄하며, 사소한 것이라도 그냥 넘기지 않고 축하하며 감사의 공간을 마련해보면 어떨까? 아이들과 같이 생일도 축하해주고, 학급의 작은 행사도 기획하며 아이들이

들떠서 학교에 오기를 기대하게 만들어 보기도 하고, 때로는 아이들과 함께 '선생님을 웃겨라'라는 이벤트도 하면서 말이다. 자신을 사랑할 줄 아는 사람이 어디서든 누구에게나 사랑을 나눠 줄 수 있다.

3

중년으로 사는 재미

하루하루 내 앞으로 주어진 일을 나름 열심히 해내다 보니 느닷없이 중년에 도달해 있었다. 학교에서 중견교사가 되어버렸다. 휴일 아침, 부스스한 내 모습을 보고 있으면 벌써 이렇게 나이 들어 보이는구나 싶어 씁쓸하기도 하다.

십여 년 전, 〈꽃보다 누나〉라는 TV 프로그램에서 중견배우 윤여정은 젊음이라는 게 그냥 무모한 것 같다고 젊은 시절로 돌아가고 싶지 않다고 했고, 역시 중견배우 김희애도 다 찍은 영화를 처음부터 다시 찍으라면 못한다며 지금이 행복하고 감사하다고 했다.

그들처럼 나는 비록 지금의 내 모습에 아주 만족하며 지금이 가장 행복하다고 자신 있게 말은 못하겠지만, 그렇다고 신규교사로 돌아가고 싶냐고 물어본다면 그렇다고도 말을 하지 못하겠다. 나 역시 지금 생각해보면 그리 중요한 일도 아닌 것에 불안해하고 조바심냈던 젊은 시절이 마냥 아름답게만 보이지는 않는다.

소년과 노년의 중간쯤이 중년이다. 몸으로 생각해보면 중년은 허리이다. 그런데 이 허리가 튼튼해야만 몸의 자세가 바로 잡히고, 동작이 자연스럽다. 허리가 유연해야 나이 들어도 건강하게 움직일 수 있지 않은가? 그렇다면 허리를 유연하게 만드는 중년의 재미를 찾아보자. 아니, 중년을 재미있게 보내며 허리를 유연하게 만들어 보자.

중년은 말이다, 누가 나를 무시하는 것처럼 느껴도 내가 인생을 좀 안다는 듯이 '너도 내 나이 되어봐라' 하며 대놓고 말할 수도 있고, '그때는 그랬지' 하며 옛날이야기를 요즘 아이들에게 주구장창할 수도 있는 나이이다. 그래서인지 우리 반 아이들은 나를 조선시대 사람으로 안다.

가끔은 어린 시절 철딱서니 없는 마음으로 돌아가 호들갑을 떨어도 부끄럽지 않고, 지하철에서 빈자리가 나면 마음 편하게 가서 자리에 앉을 수도 있으며, 젊을 때는 존재만으로도 파르르 떨었던 흰머리와 주름살은 이제는 그러려니 한다.

이제는 작은 일에도 감사함을 찾을 수 있고, 거기다 내가 고맙다고 말하면 상대는 내가 고맙다고 해줘서 더 고맙다고 한다.

이런 고마운 일이 또 있을까?

나이 들어 아픈 곳이 많은 만큼 아프고 힘든 사람을 한없이 이해할 수 있고, 때로는 이렇게 하니 낫더라는 생생한 정보와 후기를 줄 수도 있다.

기억력이 떨어지고 행동이 빠르지 못해도 누가 타박하는 사람도 없으며, 나의 삶 또한 굴곡이 있었기에 다른 사람을 함부로 불쌍히 여기지 않고 평가하지도 않게 된다.

젊을 때는 바빠 간다고 보지 못했던 길가의 꽃들에도 눈길을 주며 사진을 찍을 수 있는 여유와 감성이 생기고, 주변 다른 사람의 말에 휘둘리지 않고 자신이 하고 싶어하는 것을 하는 게 최고라는 것을 안다.

새로운 정보를 처리하는 속도는 느리지만, 이미 알고 있는 정보와 연결하여 때로는 큰 그림을 그리며 지혜롭게 처리할 수도 있다.

이제는 토익 토플 말고, 알고 싶거나 하고 싶은 것을 찾아 마음 편히 배우고 공부할 수도 있으며, 다른 사람의 눈치를 덜 보게 되고 오히려 다른 사람의 눈치를 즐기기도 한다.

세상살이 내 마음대로 하지 못하고 어쩔 수 없다는 것이 있음에 순응하며 겸허해지고 헛된 욕심을 부리지 않게 되며, 이렇게 중년이라는 이유로 글을 쓰면서 중년도 나름 재미있다고 이야기할 수도 있다.

앞에서 이야기했던 중견배우 윤여정은 이렇게 말하기도 했다.

"육십이 돼도 몰라요. 이게 내가 처음 살아보는 거잖아. 나 67살이 처음이야."

그렇다. 나 또한 쉰 살의 중견교사가 처음이다. 그래서 앞으로 어떻게 살아갈지 궁금해지고 재미있어진다. 그렇게 중견교사로 사는 재미를 계속해서 찾아볼 것이다. 그리고 이제껏 어떻게 살아왔던지 그것을 상관하지 않고 이제 중년이 되었으니 이후의 시기에는 지금까지 겪어보지 못했던 좀 더 다른 재미도 거침없이 즐겼으면 좋겠다. 무엇보다 나와 만났던 모든 아이들에게 내가 한 점이라도 그 아이들의 성장에 도움을 줄 수 있었으면 좋겠다.

4

유머를 받아들이는 자세

2010년 G20 서울정상회의 폐막식에서 버락 오바마 미국 대통령이 연설을 마치고 우리나라 기자들에게 예정에도 없던 질문 기회를 주었다. 오바마 대통령은 개최국인 우리나라 기자들에게 질문기회를 주겠다며 몇 번이나 질문할 사람이 없냐고 물었지만 끝내 우리나라 기자들은 질문하지 않았고, 대신 중국 기자가 그 질문권을 가져갔다. 우리가 얼마나 질문에 대한 부담을 갖고 있는지 알 수 있는 한 단면이다.

사실 우리의 교육환경도 별반 다르지 않다. 학생들은 수업 중에 질문을 거의 하지 않는다. 고학년이 되면 대답조차도 잘 하지 않곤 한다. 학교에서 질문이 있는 수업을 만들고 싶지만 쉽지 않다.

하늘이 청명했던 가을날, 우리 반 아이들은 점심시간에 삼삼오오 모여 농구를 하거나 운동장을 뛰어다녔다. 그런데 이어진 5교시의 수업시간은 점심시간의 활기찬 분위기와는 정반대였다. 점심을 먹고 에너지를 소진한 다음이어서 그런지 아이들은 피곤함과 나른함으로 수업시간에 질문은커녕 호응도 거의 없었다.

새 자전거를 홍보하는 광고지를 보며 광고 문구에서 과장하거나 감추는 내용이 있는지 찾아보는 시간이었다. 학습 분위기는 축 가라앉아 있었지만 빠듯한 진도 탓에 나는 아이들의 무반응에도 아랑곳하지 않고 혼자서 수업을 끌고 나가야 했다. 그래도 선생님 혼자서만 수업을 끌고 나가기는 싫어서 출석번호대로 돌아가며 계속 질문을 해나갔다.

"14번 민철아, 이 광고를 보는 사람들은 어떤 질문을 할 수 있을까?"

"광고 내용이 진짜인지 물어볼 수 있습니다."

"만약 민철이가 광고주에게 직접 물어본다면 어떻게 말할 수 있을까?"

"이 광고 내용의 근거가 무엇인가요? 빵상!"

순간 교실 여기저기서 '큭큭큭' 웃음소리가 터져 나왔다.

"응? 그게 무슨 소리니?"

아이들은 소리죽여 큭큭 웃기만 했고, 몇몇 아이들이 '빵상,

빵상'거리며 키득거렸다. 그러나 우리 반 아이들 누구도 내게 그 뜻이 무엇인지 말해주지 않았다.

"박민철, 무슨 소리냐니까?"

"큭큭큭, 외계어인데요. 큭큭큭…."

수업 중인데 뜬금없는 소리와 아이들의 수군거림과 낄낄거림이 계속되었고, 뜻을 제대로 이야기해주는 아이들도 없었다. 순간 내 표정은 굳어버렸다. 한 번도 그런 적은 없었지만, 우리 반 아이들이 단체로 나를 놀린다고 생각했다. 그렇게 아이들은 낄낄거렸고, 나는 심각해졌다. 심호흡으로 겨우 마음을 진정시키고 수업을 이어갔다.

쉬는 시간이 되어 아이를 복도로 불러내서 무슨 뜻인지, 왜 그랬는지 물어봤다. 평소에 유머가 있으면서도 믿음직한 민철이였기에 그 실망감과 배신감이란…. 민철이는 죄송하다며 수업 분위기가 너무 가라앉아서 띄우려고 그랬다고 했다. 그러면서 '빵상'은 '이 인간들아'라는 뜻의 외계어라면서 정말 외계인 같은 소리만 했다. 전후 상황을 파악해서 무슨 소리인지 알아야만 지도를 하든 훈계를 하든 할 터인데, 민철이가 하는 말이 나는 전혀 이해가 되지 않았다.

"수업 내용과 관련된 말은 아니지? 수업과 아무 관련이 없는 말을 수업 중에 분위기 띄우려고 하는 것은 아니잖아. '빵상'이란

게 뭔지 몰라도 선생님이 듣기에는 어감이 썩 좋지는 않다. 선생님을 놀리는가 싶기도 하고. 앞으로 수업시간에는 이상한 말을 하지 말자."

그렇게 민철이가 알아들을 수 있게 타이르는 사이에 쉬는 시간이 끝났다. 교실로 들어왔더니 아이들은 앞 시간에 이어지는 모둠별 활동시간이었는데도 '빵상' 사건으로 인해 평소와는 다른 선생님의 말투와 표정을 의식해서인지 작은 소리로 서로 토의하며 열심히 모둠 활동을 하고 있었다. 그렇게 6교시는 모두가 주도적으로 열심히 참여하는 수업으로 마무리를 지었다.

아이들을 집으로 돌려보낸 후에 홀로 교실에 남아 '빵상'이 무엇인지 인터넷 검색을 했다. 내용인즉, 어떤 역술인이 2007년 모 TV 프로그램의 '외계인과 교감하는 사람들'로 나와서 우주 창조신이 쓰는 언어를 일반인에게 알려주겠다고 하며 가벼운 인사말로 '인간들아'라는 뜻의 '빵상'이란 말을 썼다고 한다. 그런데 그 단어가 인기를 끌면서 당시 각종 방송 예능프로그램 등에서 수많은 패러디가 되었고, 그 방송을 시청했던 세대가 아닌 아이들도 그 말을 알 정도의 폭넓은 인지도를 갖게 되었다고 한다.

전후 상황을 알게 되니 굳었던 표정이 풀리면서 허탈했고, 아이들의 반응이 차츰 이해가 되었다. 2010년생 우리 반 아이들은 이 단어를 진짜로 모르는 아이들도 많았을 것이고, 그래서 무슨 뜻인지 아무도 나서서 선생님께 말해줄 수가 없었을 것이다. 일부 이 단어의 뜻을 알고 있었던 아이들은 '인간들아'라는 뜻의 외계어라고 자신이 아는 대로 설명한 것이었다. 그 와중에 나이 많은 선생님인 나는 '빵상'이란 단어의 어감이 누군가를 희화한 것으로 생각했고, 그 누군가를 선생님인 나라고 스스로 지목하며 의심했던 것이다.

아마 뜻을 모르는 아이들은 '빵상'이라는 말 자체가 웃겨서 킥킥거렸을 것이다. 학년이 시작될 때 '그럴 수도 있지'라는 말을 우리 반의 급훈으로 정하며 언제나 상대방의 입장을 생각해보자고 아이들에게 소리 높여 이야기했던 나는 정작 그 상황에서는 전혀 그럴 수가 없었다.

'이제 6학년 담임 못하겠다. BTS 멤버도 누가 누군지 구분 못해, 아이들이 좋아하는 게임도 몰라, 아이들이 쓰는 유행어도 몰라. 이래서 어떻게 아이들과 소통하며 가르치겠다고 하는지 스스로 생각해도 참 답답하네.'

씁쓸하게 혼잣말을 했다. 평소에 웬만한 것들은 그럴 수도 있지 하며 쉽게 넘어갔으면서 왜 그때는 그냥 넘어가지 못했을까? 재미있으려고 했던 유머를 알아듣지 못하고 굳어진 선생님의 표정을 보며 아이들은 얼마나 당황했을까? 내가 왜 좀 더 여유 있게 대처하지 못했을까?

우리 반 교실 뒤편에는 '그럴 수도 있지'라는 급훈이 적혀 있는 화이트 보드판이 있다. '그럴 수도 있지'는 문장이 짧아서 아이들이 기억하기 편했으며, 이런저런 상황에서 자주 썼던 말이었다. 우리 반에서는 누구나 실수했을 때 '그럴 수도 있지' 하며 아이들끼리 이야기했고, 선생님이 실수했을 때도 누군가는 큰 소리로 선생님도 그럴 수도 있다고 이야기했다. 우리는 모두 그럴 수가 있었다.

그러나 오늘 내가 '그럴 수도 있지' 했던 마음이 무너져 버렸음을 자책하고 있을 때, 불현듯 든 생각 역시 '그럴 수도 있지'였다. 어찌 모든 일에 '그럴 수도 있지'라고 생각하며 여유있게 대처할 수 있을까? 내가 유머를 받아들이지 못하고 표정이 굳어버린 것도, 모든 일에 여유를 갖고 그럴 수도 있다고 강조는 했지만 말과 행동이 달랐던 것도 모두 그럴 수가 있는 것이다.

그렇게 생각하니 스스로를 몰아붙였던 마음이 비로소 좀 가벼워지는 것 같았다. 이미 지나가 버린 일을 갖고 후회만 하지 말고 그럴 수도 있지 하며 스스로 다독이고 다음을 도모하는 것, 그것이 바로 내가 이 문장을 우리 반 급훈으로 정한 이유이기도 했다.

유난히 학년 초가 되면 낯선 아이들끼리 서로의 반응에 예민하고 민감해지기도 한다. 그리고 아직 잘 모르는 사이이다 보니 서로의 의도와는 다르게 오해하기도 하고, 긴장하기도 한다. 그 팽팽한 줄을 조금 느슨하게 해주고 싶어서 조금만 배려해 주자는 의미로 교사의 잔소리 대신 나온 것이 급훈 '그럴 수도 있지'였다. '그럴 수도 있지'라고 말하며 아이들에게 여유를 갖고 생각하게 했고, 편안하고 유쾌한 분위기를 만들려고 했었다.

그럼에도 불구하고 나는 민철이의 반응을 '그럴 수도 있지' 하며 유쾌하게 받아들이지 못했다. 민철이는 축 처지는 수업 분위기를 끌어올리기 위해 나름의 유머를 구사했던 것이었고, 어쩌면 선생님에게 선의의 도움을 주려고 했던 것인지도 모른다. 선생님 대신 수업 분위기까지 생각했던 민철이에게 오히려 미안했다. 아, 내가 그렇게 유쾌함을 유쾌함으로 받아들이지 못하는 사람은 아니었는데….

예전에는 아이들의 장난에 얼굴 붉히지 않고 같이 장난을 주고받기도 했었다. 십수 년 전, 아이들에게 수학 문제를 풀라고 하고 나는 아이들이 문제를 제대로 풀고 있는지 확인하며 책상 사이를 돌아다니고 있었다. 그런데 남학생 몇 명이 문제는 풀지 않고 나를 빤히 보면서 손짓을 하며 복도에 누가 있다고 했다. 그 당시 아이들은 나와 이야기를 하다가 갑자기 '선생님, 안녕하세요?'라고 꾸벅 인사를 하면서 내가 뒤쪽에 다른 선생님이 계시는가 싶어 돌아보게끔 하는 장난을 자주 쳤었다. 그래서 이번에는 고개를 돌리지 않고 "장난 그만 쳐라"라고 했더니 진짜라며 선생님이 학생을 믿지 않는다고 답답해하며 믿어달라고 했다. 혹시나 싶어 고개를 돌렸더니 창문 밖 복도에는 역시나 아무도 없었다.

"선생님께서 계속 안 보시니까 그냥 가셨잖아요."

"진짜? 너희들 거짓말이면 혼난다."

그렇게 나는 교실 문밖으로 나가서 이쪽저쪽 복도를 둘러보고, 심지어 계단까지 가보고 나서야 내가 속았음을 알게 되었다. 그렇게 교실로 들어오니 일부 아이들이 '속았죠?' 하는 표정을 짓고 있었고, 나는 그 중 가장 강력하게 나가보라고 주장했던 홍철이에게 이야기했다.

"홍철아, 너희 어머님 오셨는데 나가봐."

"예? 우리 엄마요?"

"할 이야기가 있으시다는 데 나가봐라. 어머님 기다리신다."

그러면서 나는 아이들이 수학 문제를 푸는 것을 보며 돌아다녔고, 홍철이는 긴가민가하며 교실 밖으로 나갔다. 다른 아이들은 이 장난이 끝났음을 느끼고 다들 문제풀이에 집중했다. 이윽고 홍철이가 다시 교실에 들어오며 나에게 말했다.

"선생님, 엄마가 집에 가야 된다고 하는데요."

'오, 요 녀석 봐라. 잔머리 돌아가는 게 장난 아닌데.'

놀라움을 참으며 대꾸를 해주었다.

"그래? 그럼 가야지. 책가방 싸서 가."

"정말요? 가도 되요? 진짜로 가요?"

"응, 내일 보자."

그렇게 홍철이는 가방을 메더니 나를 뚫어지게 쳐다보며 정말 이렇게 끝나는 건지 당황해하며 문 쪽으로 걸어갔다.

"홍철아, 선생님이 어머님이랑 이야기를 좀 하고 싶으니까 밖에서 기다려."

그렇게 나는 복도로 나갔고, 홍철이랑 계단까지 가서는 둘 다 이 상황이 너무 웃겨서 쓰러지고 말았다. 한참을 웃다가 우리는 서로 천재라고 추켜세우면서 서로의 잔머리와 유쾌함을 인정해 주었다. 그렇게 홍철이를 데리고 다시 교실로 들어오니, 아이들은 홍철이가 왜 다시 교실에 오냐고 내게 물었다.

"조금만 더 있으면 끝나는 시간이니 그냥 마치고 바로 가기로 했다."

그 날의 유쾌한 상황은 그렇게 종료되었다.

이렇게 유머와 유쾌함을 알고, 아이들과 악의 없는 장난을 즐겼던 나는 어느덧 중견교사가 되면서 점차 아이들과 거리감이 생겨버렸다. 이제 아이들이 사용하는 매체와 각종 도구들은 나에게 딴 세상 같다. 같이 키득키득하며 장난을 치기에는 서로 공유하는 것이 너무나 부족했다.

그렇지만 유머가 인간관계의 윤활유라는 것을 알기에 이대로 포기할 수는 없다. 불편하고 어려운 관계일수록 유머와 농담은 분위기를 전환시키고, 사람의 마음을 이어주는 역할을 한다. 무표정한 얼굴을 웃게 만들고, 닫힌 마음을 열게 하며, 무엇인가를 하게끔 한다. 웃음으로 무장해제를 당한 아이들은 수업에 관심을 갖고 적극적으로 참여하고, 선생님과 아이들의 어렵고 긴장된 관계 역시 선생님의 유머스런 말로 부드럽게 소통할 수가 있다.

그렇기에 어느 집단이든 리더는 유머가 필요하다. 그리고 누군가의 유머를 열린 마음으로 받아들이는 것도 필요하다. 나이 탓으로, 상황 탓으로, 성격 탓으로만 돌리지 말고 좀 더 여유 있는 자세로 자주 유머를 구사하여 유머의 생활화를 이루어보자. 자식들에게 재산을 남겨주면 자식들이 싸우고, 유머를 남겨주면 자식들이 웃으며 행복하게 산다고 하지 않는가.

나 역시 발표 도중에 '빵상'이라고 말했던 민철이에게 그때 유머스럽게 받아쳤더라면 어떠했을까?

"민철아, 선생님이 외계인인 줄 알았니? 지구인 인증완료했다."

뒤늦게 스스로를 자책하며, 한편으로는 '그럴 수도 있지'라며 다독거리다가 누군가의 선생님이 된다는 것은 참 어려운 일임을 느꼈다.

마지막으로 말하건대, 오늘도 '그럴 수도 있지', '그렇게 생각할 수도 있지', '그렇게 말할 수도 있지'라는 생각으로 버티며 살아가는 나에게 있어 '그럴 수도 있지'라는 의미는 아무것도 아닌 양 얼버무리며 넘어가려는 것은 절대 아니다. 그럴 수밖에 없었던 내 처지와 내 마음에 대한 스스로의 위로이다.

'그럴 수도 있지' 큰소리로 입 밖으로 내어보세요. 어때요? 좀 편안해지지 않나요? 그럴 수는 없다고 스스로를 몰아붙이지 마세요. 우리 모두 그럴 수가 있잖아요.

5

좋은 점을 먼저 찾아 바라보기

부고(訃告)

고(故) 조민경님께서 별세하였기에 알려드립니다.

"쌤, 민경쌤이 하늘나라로 갔대."

"엉? 저번에 좀 괜찮아졌다고 했잖아."

살다 보면 간간이 부고를 듣긴 하지만, 그래도 이건 아니다 싶다. 민경쌤은 내가 20대 첫 발령을 받은 학교에서 같이 지내던 3살 많은 선생님이셨다.

내가 첫 발령을 받은 학교는 도심 외곽의 전체 6학급짜리 학교였다. 공교롭게도 그해 새로 온 선생님들이 많았는데 나와 유치원교사, 보건교사, 영양교사, 조리사, 행정실장 이렇게 6명이었고, 그 중 4명이 신규 첫 발령이었고 2명은 발령 이후 두 번째 학교였다.

비슷한 또래의 우리는 같이 몰려다녔고, 같이 놀았다. 연애사를 공유하고 다 같이 나가서 남자 친구를 만나고 연애 코치를 했었다. 그때 가장 애절했던 연애의 주인공으로 다시 만난 첫사랑과 결혼한 사람이 바로 민경쌤이었다.

시간이 흘러 그 후에 근무하는 학교는 여섯 명 모두 달라졌지만, 우리는 주기적으로 만나서 밤새 이야기꽃을 피우곤 했다. 서로의 결혼사, 가정사에 대해 너무나 속속들이 알던 우리는 가족만큼 친한 사이였다. 아니, 연애사만큼은 가족보다 더 친한 사이였을지도 모른다.

나는 대구에서 부산으로 타(他)시도 전출을 한 다음에는 서서히 모임 참여 횟수가 줄어들었지만, 여름과 겨울 방학의 모임은 너무나 기다려지는 만남이었다. 가끔 만났지만 서로들 가족의 안부를 듣고 근황을 들으며 여전히 20대의 모습으로 까르르 웃고 울며 우리는 하루하루 치열하게 살고 있는 서로에게 위로와 공감을 했다.

그러나 눈에 안 보이면 마음도 멀어진다고 했던가? 나는 점차 방학 때마다 만나던 모임도 종종 빠지곤 했다. 그러다가 이렇게 부고 문자를 받았다.

한겨울이었다. 수업을 마치고 바로 조퇴를 해서 대구의 장례식장으로 갔다. 빈소에는 허망하게 앉아 있는 그녀의 첫사랑인 남편과 대학생 자녀들이 있었다. 아이들이 너무 어리지 않은 대학생이어서 그나마 다행이었다. 그 첫사랑은 우리를 알아보았고, 우리 앞에서 한없이 울었다. 오히려 아이들은 담담했다.

그런데 좀 이상했다. 그녀의 친정 가족이 안 보였다. 그녀의 어머니도, 언니도, 모두….

그동안 나는 죽음에 대해 막연하게 생각은 했었지만, 죽은 후에 다른 사람들이 나에 대해 어떻게 말할까 하는 생각은 해본 적이 없었다. 외국 영화에서는 장례식장에서 묘비를 보며 그는 어떤 사람이었다고 추도를 하는 경우는 보았지만 말이다.

내가 타(他)시도 전출로 모임 참여가 뜸했을 때, 다들 비슷했던 것 같았다. 20여 년의 세월은 우리를 서로에게서 조금씩 떨어뜨려 놓았다. 그렇게 서로의 관심에서 벗어나 살면서 우리가 몰랐던 최근의 그녀는 부동산투자로 돈을 엄청 많이 벌었다고 한다. 그리고 그 돈 때문에 친정 가족과도 멀어졌다고 한다. 지금도 여전히 그 돈 때문에 그녀의 남편과 그녀의 어머니는 계속 다투는 중이라고 했다.

이런 이야기를 또 다른 지인을 통해 듣고 우리는 한동안 멍했다. 그리고 "민경쌤이 돈에 그렇게 욕심이 많던 사람이었던가?"

하고 우리는 서로에게 묻고 또 물었다.

　단언컨대 내가 아는 그녀는 결코 그런 사람이 아니었다. 언제나 먼저 다른 사람의 안부를 묻고, 항상 따뜻하게 두루두루 모두를 챙기고 베푸는 것을 좋아했던 맏언니 같은 사람이었다. 지금도 그녀를 생각하면 그녀의 그 기분 좋은 따뜻한 미소가 떠오른다.

　그녀의 첫사랑 남편의 순애보는 절절했다. 그녀는 6개월 정도 유방암으로 투병했고, 마지막임을 알았던지 임종 한 달 전부터 첫사랑은 그녀의 모습과 그녀의 근황, 그리고 자신이 요즘 어떤 마음으로 지내고 있는지 장문의 글을 써서 우리 모임의 한 명에게 자주 보냈고, 우리는 그 한 달간 첫사랑의 글들을 공유하여 보면서 울었다.

　그런 그녀와 그녀의 남편이었기에 돈으로 인해 가족과 멀어졌다는 지인의 말을 믿기가 힘들었다. 어쩌면 사실이 아닐지도 모른다. 어쩌면 우리는 친했다고는 하나 그녀의 한쪽 면만 알고 있었는지도 모른다. 어쩌면 세월은 천천히 사람을 변하게 했을지도 모른다. 이제는 그녀가 없는 빈자리에서 뒷담화처럼 이런 이야기를 주고받고 나서 집으로 돌아오는 길이 한없이 씁쓸하고 쓸쓸했다.

　이제 시간이 꽤 흘러 지금 이 글을 쓰는 나는 더 이상 내가 몰랐던, 단지 소문으로 듣기만 했던 그녀의 모습은 기억나지 않는다. 그냥 그녀의 따뜻한 미소와 우리가 같이 했던 그 좋았던 날들만 추억으로 남아 사무친다.

사람들은 자신이 직접 겪어보지도 않았으면서 다른 사람의 말을 들으며 그 사람에 대해 경계하는 일이 종종 있다. 나는 다른 사람보다는 그 경계 장벽이 지극히 낮은 편이다. 소문으로 들은 누군가의 차갑고 무례한 태도와 기분을 상하게 하는 행동만으로는 그 누군가를 좋지 않은 사람으로 평가하는 일이 잘 없다. 오히려 나는 그런 사람에게서 더 따뜻한 인간미와 투박한 순수함을 보기도 한다.

사실 한 사람이 가진 다양한 모습에서 어느 부분을 보는가에 따라 그 사람에 대한 평가가 다를 수 있다. 그리고 그 사람이 왜 저렇게 행동했을까, 어떤 기분이었을까를 생각해본다면 누군가를 쉽게 평가하며 단정 지을 수가 없다. 예전에 내가 타로 상담 연수를 받을 때도 그랬다. 나는 중재자의 성격을 가졌다고, 누군가 싸움이 생겼거나 억울하고 속상할 때는 나를 찾아가보라고 강사는 사람들에게 말했다.

그래서 그런지 지금껏 나는 사람을 다각도로 보려고 노력했다. 어떤 문제가 있으면 '왜 그러했을까?'를 먼저 생각했다. 학급마다 한두 명씩은 있는 문제행동을 하는 아이들에게도 그렇게 다각도로 대처했다.

문득 한 아이가 생각난다. 그 아이는 문제행동을 하는 아이, 그러니까 이른바 VIP였다. 사실 이 말은 VIP 고객처럼 교사는 그 아이에게만 특별히 많은 보살핌과 관심을 쏟아야 하기에 붙여진 씁쓸한 말이다. 그 아이가 있는 반을 맡은 담임교사는 그 아이의 담임이라는 이유로 다른 선생님들의 걱정과 위로를 받는다.

인성이는 개학한 3월 첫 주부터 교실을 다니면서 다른 아이들을 툭툭 치고 다녔다. 그리고 하루는 인성이가 몇몇 다른 아이들과 함께 골목길에 있는 우리 학교 아이의 자전거를 몰래 타고 가다가 담벼락에 부딪혀 자전거를 부서지게 했다고 학교로 전화가 왔다. 어머니께 전화를 했으나 몇 년째 이런 전화를 받아왔을 인성이 어머니는 담담했다. 죄송하다는 말과 함께 우리 아이가 왜 그렇게 했는지 모르겠다고 했고, 가정 형편도 어려운데 자신도 이제는 모르겠다고 했다. 경험상 이런 학부모는 계속 전화를 하면 짜증을 내고 전화도 잘 받지 않는다. 회피라고나 할까? 아니면 이 시기가 지나고 나이가 들면 괜찮아질 것이라는 기대일까? 다행히 피해 학부모님은 자전거의 수리비는 요구하지 않고 아이들끼리의 사과와 교사의 지도만 요구했다.

화가 나면 주먹이 먼저 올라가는 인성이는 울분이 많았다. 억울하고 화가 나는 일이 많았던 때문인지 누군가를 잘 믿지 않았다. 공부를 안 해서 그렇지 창의력도 있고 이해력도 꽤 좋은 아이였다. 잘 하고 싶은 마음이 없는 것은 아니었으나 이미 주위의 아이들은 인성이의 말을 귀담아듣지 않고 자꾸만 피하려 하니 인성이는 더 마음대로 행동했다. 그럴수록 인성이는 더 화를 많이 냈고, 그것을 참지 못해 걸핏하면 주먹으로 아이들을 협박하곤 했다.

"그건 인성이가 잘못한 것이 아니잖아. 인성이가 원래 그렇게 하려고 했던 것도 아니고."

내가 인성이를 혼내지 않고 오히려 일을 그렇게 만든 아이를 야단쳤을 때, 나는 인성이가 쳐다보던 눈빛을 잊지 못한다. 호의를 처음 받아본 아이의 눈빛은 흔들리면서도 반짝였다.

그렇지만 그 한 번의 호의로 인성이가 달라진 것은 아니었다. 난 그해 일 년 동안 인성이와 얼마나 많은 약속과 훈계를 했는지 모른다. 그러면서 인성이를 심부름 보내놓고 우리 반 아이들 앞에서 인성이가 했던 행동이 그럴 수도 있음을, 또는 그럴 수밖에 없는 상황이었음을 이해시키기 위해 노력했다.

그 당시 난 임신한 상태였다. 배는 엄청 불렀고, 출산일이 가까이 다가올 때쯤에는 학교 선생님들은 내 배를 보고 쌍둥이냐고 많이 물어봤다. 출산예정일인 12월 31일을 한 달도 남겨놓지 않은 어느 추운 날, 갑자기 방과 후에 인성이가 급히 교실로 뛰어왔다.

"선생님, 동현이가 울어서 왜 그러냐고 물었더니 동현이 형이 운동장에서 어떤 형과 싸우고 있는데 지금 맞고 있대요. 그래서 내가 우리 선생님이 해결해줄 것이라고 했어요. 선생님 가요."

이 녀석은 내가 해결사인 줄 아나?

"그래 가자. 누~가 동현이 형을 괴롭혀~~?"

해결사처럼 소리 높여 혼자서 호통을 치고, 인성이의 나에 대한 믿음이 고마워서 얼른 솔 하나 걸치면서 무거운 몸을 이끌고 어기적어기적 따라 나갔다.

"아이고, 몸도 무거운데 가만 앉아 있지. 추운데 어디 나가노?"

"출동합니다. 우리 인성이가 도와달래요."

그렇게 복도에서 만난 선생님과 씩 웃고 나서 중앙현관으로 나가니, 벌써 싸움은 끝났고 같이 싸운 형 친구는 갔다고 한다. 싸움은 그렇게 끝나 있었고, 눈물 바람의 동현이와 옷을 털고 있는 동현이 형에게 괜찮냐고 물었더니 괜찮다고 말하며 형은 그냥 가버렸다.

나는 동현이와 인성이에게도 추우니 얼른 집에 가라고 말하고, 다시 어기적거리며 교실로 올라가는 길에 혼자서 감성에 젖어 눈물이 찔끔 났다.

'내가 인성이가 믿고 부탁할 수 있는 어른이 되었구나. 그나저나 빨리 걷지도 못하고 어기적거리는 선생님이 무슨 큰 도움이 될 거라고….'

벌써 10년도 더 지난 일이다. 나는 인성이가 했던 좋지 않은 행동과 말은 무엇인지 기억하지 못하지만, 그날 인성이가 나를 믿고 내가 인성이의 든든한 선생님이 된 날의 기억만은 또렷하다.

돌이켜보면, 내 기억 속의 민경쌤도 인성이도 좋은 점만 가득한 좋은 사람들이다. 나는 사람에 대한 옳고 그름은 없다고 생각한다. 나와 부딪친 그 점이 나와 다를 뿐. 그 다름을 나와 같음으로 만들려고 할 때 우리는 힘이 든다. 나와 부딪친 그 점 말고 그를 다른 쪽으로 돌려 본다면 괜찮은 점도 꽤 많지만, 우리는 흔히 한 번 부딪친 그 점에만 연연하며 다른 면을 보는 것을 멈춰버린다. 나는 그 다름을 같음으로 만들려고 하지도 않고, 부딪친 그 점이 너무 아프고 괘씸해서 그의 다른 면을 보는 것을 주저하지도 않는다.

사람들은 모두 하나의 모습이 아니라 다양한 모습을 가지고 있을 것이다. 나 또한 감성적인 면도 있지만 욱하는 면도 있고, 짜증을 잘 내기도 하지만 다른 사람을 웃기기도 한다. 그 중 좋은 모습을 먼저 찾아서 봐주었으면 좋겠다. 첫사랑은 다 용서된다는 말처럼 먼저 찾은 그 좋은 점 때문에 나와 다르지 않은 면도 편히 수긍될 수 있기 때문이다. 아무리 찾아봐도 좋은 점이 없다고? 나와 완전히 다르다면 그럴 수도 있지. 그런데 자석의 S극과 N극처럼 완전히 다른데도 이상하게 끌리기도 하니, 인간관계란 참 오묘하다.

6

매년 정을 주고, 매년 정을 뗀다

일 년마다 새롭게 세팅되는 관계가 있다. 바로 학교다! 어찌 보면 담임교사와 아이들은 일 년짜리 인간관계인 셈이다. 일 년이 지난 후부터는 서로의 의지에 따라 더 돈독하고 오랫동안 유지되기도 하고, 때로는 다시는 보고 싶지 않은 관계가 되기도 한다.

3월 어느 날, 아침 출근길이었다.

"선생님~"

학교 교문을 들어서서 조금 걸어가고 있으니 뒤쪽에서 큰 소리로 나를 부르는 소리가 들렸다. 교문에서 학교 건물로 가로지르는 운동장 가운데서 나영이는 나를 부르고 있었다. 반가운 마음에 '나영이구나!' 하며 고개를 돌렸는데, 가방을 멘 채로 뛰어오던 나영이는 내가 있는 쪽인 아닌 다른 쪽으로 뛰어가고 있었다.

그렇게 아이는 작년 담임선생님인 내가 아닌 올해 담임선생님에게로 가서 숨을 헐떡거리며 인사하고 나란히 이야기를 주고받으며 저만치 앞으로 가고 있다.

당시 2년차 신규교사였던 내가 겪은 이 모습은 그 상황과 감정을 일기로 썼을 만큼 충격적인 일이었다. 이제는 잊어버려야 할 변심한 첫사랑을 보며 예전 감정에 아파하며 쓴 일기 내용은 이러했다.

'아직 난 그 아이의 웃음소리와 뛰는 소리만 들어도 누군지 아는데, 그 아이의 선생님은 이제 내가 아니었다.'

9월에 첫 발령을 받고 부임해간 학교에서 첫 제자가 된 5학년 아이들에게 나는 정성을 기울였다. 항상 가방에는 교과서와 〈새교실〉이란 수업지도 관련 책을 넣어 다니며 수업을 고민했고, 책상에 하나하나 종이 이름표를 붙이며 아이들을 귀하게 여겼다. 능숙함은 없었지만 열심히 아이들을 바라보며 온 관심을 쏟았다. 그래서 5학년을 마치는 종업식 날에는 이 아이들과 헤어진다는 것이 너무나 아쉬워서 혼자 아이들 앞에서 눈물을 보이고 말았다.

　3월, 겨우내 움츠리고 있던 목련꽃이 잎보다 먼저 피어나 반기는 데도 나는 여전히 새로 담임이 된 3학년 아이들보다는 작년에 담임을 맡은 5학년 아이들이 익숙하고 그리웠다. 복도에서 만나도 반가웠고, 방과 후에 우리 교실에 찾아와서 수다 떠는 것도 좋았다. 그렇기에 나영이 목소리를 듣고 난 자연스럽게 나영이가 나를 부르려니 했다. 하지만 현실은 나에게 나영이는 하나였고, 나영이에게 선생님은 많았다.

　학년이 바뀌면 아이들은 새로운 담임선생님과 새로운 학급 친구들에게 생각보다 적응을 잘 했고, 둔한 나는 오히려 생각보다 적응이 늦었다. 그래서 새 학년으로 올라갔는데도 꾸준히 쉬는 시간이나 점심시간에 나를 찾아오는 민주를 정이 많은 아이라고 생각했다. 3학년 우리 반 아이들에게 선생님의 작년 제자라고 소개하며 반겼고, 가끔은 가는 길에 초콜릿도 몇 개 쥐어 보냈다. 내가 잘 키웠구나 생각하며 꾸준히 찾아오는 제자가 있다는 것이 나름 뿌듯하기도 했다.

　새 학년이 시작되었지만 그렇게 나는 한동안 환상에 빠져 있었다. 내가 그것이 잘못된 것이라는 걸 깨닫는 데는 그리 오랜 시간이 걸리지 않았다. 그날도 쉬는 시간에 민주가 찾아와서 같이 웃으면서 수다를 떨고 있는데, 순간 민주의 뒤쪽에 있는 우리 반 아이들의 눈빛이 내 눈에 들어왔다. 이건 뭐 새엄마가 왔는데 이전 아이만 챙기며 자신들은 내버려두는 느낌, 바로 그것이었다. 그날 오후에도 작년 우리 반 아이들 몇 명이 무리지어 나를 찾아왔다. 올해 새 학년 새 반은 적응이 안 된다느니, 선생님이 너무 무섭다느니 하며 나름의 불만을 쏟아냈다.

그때 깨달았다. 이건 아니다!

"무엇이든지 처음에는 다 어색하고 그래. 그리고 반마다 새로운 친구들과 새로운 학급 규칙이 생기는 거야. 빨리 새로운 환경에 적응해야지."

학년이 바뀌면 새 학년에 적응하는 것이 맞다. 아직 익숙하지는 않지만 아이들이나 교사나 모두 새 학년에 적응을 해야 하는데, 아이들뿐만 아니라 나 또한 갑작스레 바뀌는 것이 어색했고 그렇게 쉽게 확 바꾸지도 못했다. 알고 보니 매번 찾아오던 민주는 새 학년에 적응을 하지 못하고 나를 찾아온 것이었다.

그날 이후 나는 시도 때도 없이 찾아오는 작년 제자들과 거리를 두기 시작했다.

"왔니? 선생님이 잠시 교무실 가야 하는데 다음에 와야겠다."

"왔니? 선생님이 지금 해야 할 일이 있어. 미안, 다음에 놀러 와."

마치 사랑하기에 보내준다는 노랫말처럼 그렇게 아이들을 위해 정을 뗐다. 그리고 나를 바라보고 있는 3학년 아이들에게 정을 듬뿍 쏟으려 힘썼다.

교사는 매년 정을 주고, 매년 정을 떼야만 한다. 일 년 동안 고운 정 미운 정 다 들고, 아이들 목소리와 글씨체, 멀리서 걸어오는 모습만 봐도 누구인지 알고, 눈빛만 봐도 무엇을 하고 있는지 알 만큼 온전히 정을 쏟다가 2월이 되면 떠나보낸다. 그리고 다시 3월에는 새로운 아이들을 만나서 다시 시작하는, 이러한 반복을 나는 25년 가까이 하고 있다.

그럼에도 나는 여전히 2월의 종업식이나 졸업식 때는 눈물이 난다. 원래 눈물이 많기도 했지만, 나이가 들수록 더 눈물이 많아진 것 같다. 그래서 나는 종업식이나 졸업식 며칠 전에 아이들에게 하고 싶은 말을 미리 하고, 정작 그날은 서두르며 급히 이별을 한다. 서로 다른 반이 되었다고, 친한 친구랑 같은 반이 되지 않았다고 입이 튀어나온 아이들 앞에서 교사인 내가 이별이 못내 아쉬워 혼자 우는 장면은 정말이지 피하고 싶었다. 마지막 날에 환하게 웃으며 손잡아 주고, 안아 주고, 올 한 해 네가 있어 더 즐거웠고, 새로운 학년에서도 여전히 너를 응원한다며 멋진 멘트를 날려주면 좋으련만 이별은 여전히 서툴다.

그렇게 첫 제자들을 다음 학년으로 올려보내고 졸업을 시킨 것이 어언 20여 년이 지났다. 지금 비록 연락하는 제자는 없지만, 가끔 나는 그들의 나이를 가늠해본다. 졸업시키고 몇 년 동안은 연락 오고 찾아오던 아이들도 대부분 몇 년 더 지나면 연락이 끊긴다. 매번 연락 오던 아이가 올해는 연락 오지 않는다고 이젠 서운해하지 않고 그냥 카톡 프로필을 찾아보며 많이 컸구나, 이렇게 변했구나, 결혼했구나 하며 혼자서 호들갑을 떤다. 그냥 짝사랑이다.

지금껏 나를 거쳐간 아이들이 몇백 명이 넘는다. 그리고 그 아이들을 떠나보내고 조용히 혼자서 나는 짝사랑 중이다. 찾아주고 말 걸어주면 고맙고 반갑고, 연락이 없어도 잘 크려니 무소식이 희소식이려니 한다. 길거리에서 마주쳐서 몇 번이나 서로 돌아보기도 했고, 식당에서 알바하고 있는 아이를 만나서 사이다 서비스를 받기도 했다.

그리고 누군가는 나처럼 선생님이 되어 학교에서 같은 교직원으로 만날 수도 있을 것이다. 내가 교직 경력 5년쯤에 연수원에서 연수를 받다가 우연히 한 선생님을 보았다. 한 발짝 가다가 돌아보니 그 선생님도 돌아보셨다. 그리고 우리는 서로 다가가서 영화의 한 장면처럼 말했다.

"혹시?"

그렇게 나의 6학년 때 담임선생님을 만났다. 알고 보니 사는 곳도 같은 동네였다. 연락처를 주고받고, 놀러 오라는 말씀에 대뜸 선생님 댁으로 찾아갔다. 그 선생님은 내가 꼭 기억하고픈 선생님이셨다.

5학년 때까지 나는 간간이 통지표에 '미'도 몇 개씩 받아오는 지극히 평범한 아이였다. 그때는 새 학년에 올라가면 학년 초에 시험을 보았는데, 그날 교실 책상 서랍에 두고온 안경을 가지러 교실로 들어섰더니 선생님이 계셨다.

"혹시 네가 김지은이니? 어휴~ 네가 평균 80점인데 우리 반 일등이다. 다른 반은 일등이 90점이 넘는다는데….”

나는 평소보다 좀 좋은 성적인 평균 80점을 받았고, 운이 좋은 건지 나쁜 건지 우리 반은 6학년에서 시험 성적이 꼴찌였으며 나는 다른 반이라면 어림없는 성적으로 꼴찌반에서 일등을 했다. 생전 처음 일등을 한 나는 그 후로 공부를 하기 시작했고, 일등을 놓치지 않으려고 노력했다. 내 옆에는 우리 반과 우리 반 일등을 꼴찌에서 탈출시키려는 선생님이 계셨다. 의욕이 많은 선생님은 우리에게 공부뿐만 아니라 다양한 경험을 하게 하셨다. 지금의 내가 이렇게 교사가 될 수 있었던 것은 그 선생님의 힘이 컸다. 나 역시 중학교 2학년 때까지는 찾아뵈었으나 선생님께서 다른 학교로 전근 가시고 난 뒤부터는 연락이 끊겼고, 그동안 잊고 있었다. 그런데 그런 선생님을 우연히 만난 것이었다. 그 후로 선생님과 꾸준히 연락을 했고, 노처녀인 나를 걱정하던 선생님께서 중매하셔서 나는 결혼을 하게 되었다. 참 깊은 인연이었다. 선생님은 나에게 공부를 시작하게 하셨고, 결혼을 할 수 있게 해주셨으니 그야말로 내 삶의 중요한 기로에서 큰 영향을 끼치신 분이다.

내가 선생님을 만났듯이, 어쩌면 나 역시 중견교사로 지내다 보면 내 제자를 만날지도 모르겠다. 무슨 일이 일어날지 세상일은 아무도 알 수 없다. 짧은 기간의 아르바이트 근무나 내 자녀의 담임교사와 같이 기한이 정해진 관계라고, 꾸준히 유지되지 못할 관계라고 서로에게 소홀히 하지 말고 진심으로 대하자. 기간에 연연하지 말고 서로에게 정성을 다했으면 한다. 인간관계가 유지되는 기간은 다 하기 나름이다. 오랫동안 알고 있어도 제대로 알지 못하기도 하고, 잠시 알고 지냈어도 오랫동안 강렬하게 기억에 남아 있기도 한다.

회자정리(會者定離). 만나면 헤어지기 마련이다. 헤어짐의 슬픔 때문에 만남의 기쁨을 누리지 못해서야 되겠는가? 교사는 그렇게 매년 정을 주고 정을 떼는 일에 익숙해지는 직업이다.

7

그냥 적응하다 보면

학교 현장에서는 언제나 12월이 되면 새로운 학교로의 교사 전보를 위한 인사이동 이야기가 오간다. 지역마다 그 기간이 약간씩 다르기도 하지만 근무한 지 3~5년이 지나면 근무학교를 이동하게 된다.

'어디로 가지? 새로운 학교에서는 적응을 잘 할 수 있을까?'

전보발표가 나면 발령받은 학교로 전입교사가 되어서 간다. 인사도 하고 학년과 업무신청서를 작성하는데 요즘이야 당당히 혼자 가서 적고 오지만 예전에는 교장, 교감선생님 때로는 동학년 부장선생님께서 동행해주시기도 했다.

내가 첫 학교에서 평생 지낼 것처럼 정을 주며 3년을 지내다가 교장선생님과 함께 새로운 전입 학교로 인사를 갔다. 발령받은 낯선 학교의 교장실에 가서 우리 교장선생님은 '우리 참한 선생님 잘 부탁한다'고 부탁 말씀을 하시는데, 그 장면이 부모님이 딸을 보내는 슬픈 영화의 한 장면처럼 생각되었는지 나는 그 자리에서 대책 없이 엉엉 울어버렸다. 눈물을 닦느라 갑 티슈를 한 무더기나 뽑고 나서 좀 진정이 되니 새로운 학교의 교장선생님은 안 되겠다고 다시 데려가라고 농담하셨고, 그렇게 교장선생님들이 화기애애한 분위기를 만든 속에서 나는 첫 전입교사가 되었다.

전보발표가 나면 주위의 선생님들은 다들 우리 학교보다는 편할 것이라고 영전을 축하한다고 하지만 사실 가보면 꼭 그렇지만은 않다. 내 경험에 따르면 새 학교는 항상 춥고 외로웠다. 아직 차가운 3월이라 실제로 그러하기도 했지만, 한동안 낯선 이방인으로 지내야 하다 보니 더 그러했던 것 같다.

다 같은 초등학교지만 학교마다 일을 처리하는 방식이 달라서 자잘한 것까지 옆 반 선생님이나 부장선생님께 물어봐야 했는데, 나중에는 묻기가 미안해지기도 한다. 그러면서 입에 달고 다니는 말이 "이 학교는 왜 그래요?"였다. '이 학교'에서 '우리 학교'라는 말이 나오기까지 꽤 오랜 시간이 걸렸다.

3월의 학교라는 곳이 아이들도 새로운 학년이나 학급에 적응해야 하고, 선생님들도 새로운 학년과 학급 아이들에게 적응해야 하다 보니 뭔가 어수선하고 혼란스러웠다. 학교가 바뀌어 모든 것이 낯설고 새로운 전입교사의 경우에는 새로운 선생님들과 학교문화와 교사문화까지 적응해야 하다 보니 특히 더했다. 생동하는 봄의 시작이건만 두려움과 어색함과 낯섦과 외로움의 시간이었다. 출근할 때도 그렇고, 퇴근할 때도 혼자서 터벅터벅 걸어서 나오는 길이 익숙해지기까지는 꽤 시간이 필요했다. 거기다 나처럼 사회성이 부족한 중년이면 더 오래 걸리기도 한다.

　나는 대구에서 40년을 살다 부산으로 왔고, 학교를 옮기면서 곧바로 육아휴직을 신청했다. 이 새로운 도시에는 친구도 친척도 아무도 없었다. 심지어 남편까지 창원에 떨어져 있어 주말에만 볼 수 있었고, 다만 시부모님만이 같은 동네에 계셨다. 대구 친정집에서 부모님과 같이 살면서 아이를 키웠는데, 부산으로 이사 와서 처음으로 혼자서 아이를 키우면서 집 청소를 하고 밥을 했으며 이유식을 해 먹였다.

　남자들이 끊임없이 군대 이야기를 할 수 있듯이 엄마라면 그 힘들던 육아 이야기를 쉴 없이 할 수 있을 것이다. 느지막이 9시쯤 일어나서 어젯밤에 어질러놓은 것을 정리하고 식사준비를 하다 보면 아이는 깨고, 그때부터 온종일 둘이 붙어 있었다. 유모차에 아이를 태우고 동네 시장도 가고 근처 공원도 가면서 낯선 동네를 이리저리 돌아다니기도 하고, 아이 간식을 넣은 큰 가방을 메고 아이와 손잡고 동네 놀이터에 가서 한없이 있기도 했다. 그러다가 아이가 낮잠을 자면 집안을 치우고 텔레비전을 보면서 라면을 먹었으며, 늦은 시간까지 자지 않는 아이를 재우려고 옆에 같이 누웠다가 내가 먼저 곯아떨어지기도 했었다.

지금과는 다른 새로운 환경에서 나는 잘해보려고 최선을 다했지만, 낯선 도시로 이사 와서 아직 말도 통하지 않는 아이와 하루 종일 있으면서 종종 우울감을 느꼈다. 이곳에는 친구도 없고, 가족도 없었다. 더구나 아이가 잠시도 가만히 있지 않고 칭얼거리니 친구나 가족이나 그 누구와도 오랫동안 전화기를 붙들고 이야기할 수도 없었다.

어느 날 설거지를 하는데 아이가 같이 놀아달라고 매달렸다. 이왕 시작한 설거지이니 마저 끝내는 것이 좋겠다는 생각에 손놀림을 서두르고 있으려니 엄마의 이런 마음을 알았는지 아이가 싱크대 문을 열고 양념통을 만지작거렸다. 그러더니 뚜껑을 열고 내용물을 바닥에 부어버리기 시작했다. 아이가 간장병을 쏟고, 그 위에다 식용유를 쏟아버린 그날, 나는 설거지를 하다말고 아이에게 큰소리로 짜증을 내었고, 급기야 소리 내어 엉엉 울고 말았다. 내 울음소리에 놀랐는지 아이도 크게 울음을 터뜨렸다. 한동안 내가 넋 놓고 울다 보니 아이는 울다 지쳐 잠이 들어 있었다.

부엌 벽에 기대앉아 한동안 멍하니 쏟아져 엉망이 된 간장과 기름을 보고 있는데, 둘은 서로 섞이지 않고 따로 놀았다. 바로 내 모습이었다. 섞이는 게 쉽지 않았다. 소극적인 나는 놀이터에 서조차 엄마들에게 다가가 말을 걸지 못했다. 아이들은 자연스럽게 모이며 흩어지며 무리지어 신나게 뛰어노는데, 정작 엄마인 나는 자기들끼리, 서로 아는 사람들끼리 이야기하는 자리에 쓱 다가가지 못했다.

하루하루 눈물을 흘리는 날이 늘어났고, 끝 모를 구멍 속으로 빠지는 느낌이 들었으며, 멍하니 있다 보면 이게 우울증이 아닐까 문득문득 겁이 나기도 했다. 그때 고등학교 때 친구가 휴가를 받았다며 대구에서 멀리 부산 우리 집까지 놀러 왔다. 그날 처음으로 나는 아이를 잠시 시댁에 맡기고 친구와 부산 곳곳을 싸돌아다녔다. 잠시나마 해방감을 느꼈고, 이것은 무기력했던 나에게 무엇인가를 하도록 자극을 주었다.

그 후 지역 맘카페에 가입을 하고, 동네 사람들과 일주일에 한 번 만나 자녀를 위한 품앗이 교육을 시작했다. 아주 오랜만에 3~4살 아이들을 모아놓고 놀이를 하며 가르치기 시작했다. 낯선 도시에서 낯선 사람들과 부대끼며 사는 것이 쉽진 않았지만, 또 낯설기에 난 조금씩 다른 시도를 스스럼없이 할 수도 있었다.

손재주라고는 전혀 없던 내가 이 낯선 도시에 오기 전까지는 전혀 생각지도 않은 일이지만, 목공수업도 그렇게 시작했었다. 우연히 인터넷 검색으로 알게 된 공방에서의 목공수업이 왠지 끌렸다. 나는 1~2주에 한 번씩 아이를 시댁에 맡기고 지하철을 갈아타면서 한 시간 이상 걸려 공방에 가서 가구를 만드는 법을 배웠고, 내가 직접 디자인한 가구를 만들기 시작했다. 수종을 선택하고, 선택된 나무의 두께를 정해서 자르고, 드릴질로 못을 박고 목심을 넣었다. 샌딩도 했고, 바퀴나 경첩 같은 액세서리도 달고, 오일도 칠했다.

나는 그렇게 새로운 일에 집중하며 활력을 찾기 시작했다. 그리고 낯선 곳에 정착해서 아주 조금씩 적응해가기 시작했다. 무엇인가를 하다 보니 주변 사람들을 알게 되고, 우울감에서 벗어나기 시작했다.

학교에 대한 적응도 마찬가지였다. 그동안 익숙해 있던 도시에서 새로운 도시로 이동해온 타(他)시도 전입교사는 모든 것이 생소하기만 했다. 몇 년마다 주기적으로 이동을 해야만 하는 초등교사의 특성상 이와 같은 일은 낯설지가 않지만 숫제 이건 성격이 달랐다. 학생들도, 업무 시스템도, 근무환경도, 교직 문화도, 동료도, 심지어 그들의 사투리마저 낯설었다. 가끔은 홀로 고립된 것 같은 기분을 느끼기도 했다.

살다 보면 어색함도 느낄 때가 있고, 평온함도 느낄 때가 있으며, 흐린 날이 있으면 햇빛이 찬란한 날이 있을 것이다. 어색함이 있기에 평온함이 반갑고, 흐린 날도 있기에 햇빛이 찬란한 날이 고맙듯이 살아가면서 다양한 감정을 느낄 수 있음에 감사했다. 그런 심정으로 이동한 첫해는 원래 그러려니 하며 서두르지 않고 서서히 관찰하다 보면 적응이 시작되었다. 너무 급하게 적응을 하려고 아등바등하진 않았다.

적응이라는 것은 감정을 억누르지 않고 감정에 휘둘리지도 않으면서 내가 그런 감정을 느끼고 있음을 인식하며 꿋꿋하게 지내는 것이다. 아니, 굳이 꿋꿋하게 지내지 못해도 된다. 약간의 동요됨이 있다면 그것이 오히려 나를 좀 더 인간적으로 보이게 하기도 한다.

하지만 교직경력 25년이 다 되어가는 나는 아직도 전입교사가 되면 솔직히 어색하고 불편하고 걱정이 된다. 아니, 나이가 많아질수록 더 그런 것 같다.

8

떠나는 사람과 남겨진 사람들

살아가면서 처음이란 말은 항상 설레고 기억에 많이 남는다. 첫걸음마가 그랬고, 첫 이유식이 그러했으며, 첫 입학이 그랬다. 그리고 나의 첫 직장도 그랬다.

내가 첫 발령을 받은 학교는 도심지 외곽에 있었는데 학교 앞을 지나는 버스는 달랑 1대밖에 없었고, 그것도 1시간 간격으로 다니던 곳이었다. 우리 집에서 버스를 세 번 갈아타고 들어가야 했던 곳, 짜장면 배달조차 되지 않아서 버스를 타고 나가야만 먹을 수 있는 곳이었다. 그런 학교에 비슷한 또래의 선생님들이 발령을 받아 지내게 되니 우리 여섯 명은 친할 수밖에 없었다.

어느 겨울날, 일기예보에서 내일은 춥고 눈이 많이 온다고 했다. 이런 소식은 좀 어긋나면 좋으련만, 오전부터 날리기 시작하던 눈발이 오후가 되니 시야를 가릴 정도로 펑펑 쏟아졌다.

오후에 교실 창문 밖으로 내리는 눈을 보며 우리 여섯 명은 내일 출근할 수 있을까 걱정을 하다가 학교 근처에서 자취하는 보건선생님 집에서 하루를 보내기로 했다. 지금이야 기상재해로 학교에 못 오면 어쩔 수 없는 것이라고 편하게 생각하겠지만, 그때는 선생님이 학교에 오지 않는다는 것은 있을 수 없는 일이었다. 어쩌면 온 천지가 하얗게 바뀐 모습을 보며 동심으로 돌아가 갑작스레 여행온 것처럼 하루를 놀고 싶었는지도 모르겠다.

우리 여섯 명 중 유일하게 차를 가지고 있는 선생님의 차에 모두 구겨 타고 버스가 다니는 큰길가에 있는 마트에 가서 먹을 거리와 저녁 찬거리를 사왔다. 그리고 보건실에 있는 이불을 다 가져왔다.

지금도 생각나는 그 닭볶음탕. 당시 우리 중에 영양교사와 조리사가 있었기에 그날 저녁식사는 근사했고, 하얀 눈까지 내렸으니 크리스마스 파티 같은 느낌이었다. 따뜻한 방 한 칸에서 이불을 깔아놓고 이야기하다 먹고, 먹고 이야기하다가 밤을 거의 뜬눈으로 보낸 것 같다. 그렇게 재미있게 뭉쳐 다니던 선생님 모임이었다.

그런데 다음 해 겨울이 끝나갈 때쯤, 우리 중 한 명이었던 보건선생님은 결혼하러 고향으로 내려간다고 했다. 1970년대도 아니고 결혼할 남자 때문에 고향에 간다는 것이 처음에는 이해가 되지 않았다. 6개월 전쯤 부모님 소개로 고향의 동사무소(지금의 주민센터)에서 근무하는 공무원 성철씨와 선을 보고 몇 번 만났는데, 내년에는 결혼을 할 것 같아서 전출신청을 냈다고 한다. 동사무소에서 일하는 공무원은 이동이 힘든데 자신은 이동이 가능하니 이 기회에 부모님 근처에서 살고 싶다고 했다.

봄방학 시작하기 며칠 전, 우리는 이번에는 닭볶음탕을 사먹으며 송별회를 했다. 여전히 자주 연락하면서 만나자고 했고, 어떻게 결혼을 하기로 마음먹었는지 물어보았다. 그녀가 우리 중에 첫 결혼이었다. 결혼 진행과정도 이야기했으며, 이제껏 우리의 추억도 이야기하며 웃었다. 그날의 송별회는 아쉬운 마음도 있었지만 내내 즐거웠다.

며칠 뒤, 토요일 아침에 우리는 이사를 가는 선생님을 배웅하러 갔다. 저 멀리서도 파란 1톤 트럭이 한눈에 보였다. 이미 이삿짐은 거의 다 싼 상태였다. 그런데 그 이삿짐을 보는 순간 너나할 것 없이 눈물이 터져 나오고 말았다. 그만큼 정이 들었던 것이다. 헤어짐을 실감하며 우리는 모여서 엉엉 울고 말았다.

조용한 동네에 아침부터 이삿짐 싣는 소리에, 엉엉 우는 소리에 무슨 일인가 싶어 궁금했는지 동네 주민 몇 분이 슬쩍 보기도 했지만, 개의치 않았다. 옆에 있던 성철씨에게 보건선생님을 잘 부탁한다고 거듭거듭 말을 건넸고, 떠나가는 파란 트럭의 창문을 사이에 두고 잘가라고 잘 있으라고 얼마나 손을 흔들었는지, 주저앉아 얼마나 울었는지 모른다. 그렇게 우리는 보건선생님을 보냈다.

그리고 남은 우리는 따뜻한 커피로 몸을 녹이면서 주인공이 빠진 송별회를 했다. 일단 그녀는 그녀이고, 허한 우리 마음도 다독여야 했다. 송별회는 떠나가는 사람을 아쉬워하며 그의 새로운 시작을 응원하고 축하하는 자리일 수도 있지만, 남아 있는 사람이 그 빈자리를 메우기 위한 준비를 하고 헛헛한 마음을 채우는 자리이기도 했다.

매년 떠나는 선생님과 새로 오시는 선생님이 있는 학교는 2월이 되면 송별회를 한다. 비유하자면, 학교라는 직장은 일 년 단위로 부서가 바뀌고, 3~5년 단위로 지점이 바뀐다. 따라서 매년 2월은 이삿짐을 꾸리게 되고 헤어짐을 준비하게 된다. 학급 아이들과도 헤어지고, 교직원끼리도 헤어지게 된다. 그래서 헤어짐에 익숙할 것도 같지만 송별회는 그렇지 못하다.

"올해 본교를 떠나시는 선생님께서는 앞으로 나와 주십시오."

한 명 한 명 돌아가며 전출인사를 하다 보면 꼭 한두 분은 아쉬운 마음에 눈물을 흘리시기도 한다. 첫 학교에 발령받은 신규선생님의 눈물은 그래도 엄마 미소를 지으며 담담히 바라볼 수 있지만, 연세 많으신 선생님의 눈물에는 나도 속절없이 무너져 같이 눈물을 훔치게 된다.

나이가 들어갈수록 헤어짐이 아쉽고 서글프다. 원래 눈물이 많은 나는 학급 아이들과의 헤어짐은 그래도 얼렁뚱땅 넘기면서 눈물을 감출 수 있지만, 어른들과의 헤어짐은 눈물을 순순히 받아들인다. 예고된 헤어짐이지만 그 순간은 그동안 서로를 대해 왔던 방식이 고스란히 나타나기에 굳이 눈물을 감추려고 얼렁뚱땅 보내고 싶지는 않았다.

제 힘으로 어찌할 수 없는 헤어짐이 이별이고, 인사를 나누고 제 힘으로 힘껏 갈라서는 헤어짐이 작별이라고 한다. 학급 아이들이나 같은 학교의 교직원이나 우리는 어쩔 수 없는 헤어짐의 상황이지만 인사를 나누고 웃으며 응원하는 작별을 하는 것이다. 떠나는 선생님은 그동안 감사했다고 하고, 우리는 영전을 축하드린다고 했다.

어쩌면 송별회는 함께 있던 기간 동안 굳이 말하지 않았지만 차마 말로 표현하진 못했던 수고로움에 대한 미안함과 감사함을 말과 행동으로 표현하는 자리일지도 모른다.

물론 송별회가 매번 이렇게 헤어짐의 눈물만 있는 것은 아니었다. 송별회마다 형식은 조금씩 달랐는데 유독 이벤트가 많았던 송별회도 있었다.

"다음은 올해 우리 학교는 떠나시는 선생님에 대한 아쉬운 마음을 담아 삼행시 발표를 하겠습니다. 준비하신 선생님 일어나십시오."

"서, 서! stop!"

"순, 순희쌤."

"희, 희희낙락하던 그때가 그리울 것 같습니다."

떠나시는 선생님 한 분 한 분을 그냥 보내고 싶지 않은 마음에 준비했던 삼행시 이벤트였다.

그리고 가끔 송별회와 퇴임식을 같이 하기도 하는데 이럴 때는 감정이 사뭇 다르다. 퇴임하시는 선생님께서 마이크를 잡고 나서 첫마디 말도 꺼내지 못하고 가만히 계시는 모습을 보며 40여 년간 몸담아 온 곳을 떠난다는 것이 어떤 걸까 숙연해진다. 감사했다는 말로 마무리를 하시는 선생님을 보며 같이 눈물을 흘리게 된다. 그리고 '노병은 결코 죽지 않는다, 다만 사라질 뿐이다'라는 맥아더 장군의 퇴임 연설처럼 누구나 자신이 활동하던 무대에서 사라질 시기가 오고, 빈자리는 다시 누군가로 채워질 것이다.

그러고 보니 코로나19로 지난 몇 년간 송별회나 퇴임식도 온라인으로 간단히 하거나 그냥 조용히 넘어가 버렸다. 20여 년 전, 내 옆 반 선생님도 그렇게 조용히 퇴임식 하기를 원했다. 그

때는 내가 아직 결혼을 하기 전이었고, 내 옆 반 선생님은 그 해가 정년퇴임 전 마지막 해라고 하셨다. 나이 차이도 많고 해서 편하게 이야기를 나눈 것 같진 않지만 선생님의 퇴임식 장면은 기억난다.

그 선생님은 퇴임식을 기어코 사양하셨다. 그래서 일반적인 회식처럼 식당에서 송별회 겸 퇴임식을 조촐하게 했던 기억이 있다. 비슷한 나이대의 선생님들과 특별히 친하시지도 않았고, 목소리 높여 수다를 떨기보다는 틈나면 뜨개질을 하시던 조용하고 점잖으신 분이셨다.

선생님은 화장실로 가기 위해 신발을 신는 마루에 걸터앉아서 한동안 멍하니 계셨다. 그리고는 화장실에 가신 후 한동안 나오시지 않으셨다. 뒤따라 화장실에 갔다가 기다려도 열리지 않는 문을 끝끝내 두드리지 못하고 나도 조용히 나왔다. 모르는 척 해야 할 것 같았다. 얼마간의 시간이 흐른 뒤에 선생님은 다시 자리에 와 앉으셨다.

퇴임식이 끝나고 며칠 뒤, 방학 중에 학교에 갔다가 교실에서 짐을 빼고 나가시는 선생님을 우연히 만났다. 선생님은 마침 잘 만났다면서 혹시 자신이 쓰던 호루라기를 쓰려는지 물으셨다. 빨간 물풍선처럼 생겼는데 누르면 소리가 나는 호루라기로 평소에 내가 이런 것은 도대체 어디서 사시느냐며 여쭤보던 것이었다.

선생님께서 내게 잘 지내고 얼른 시집가라고 하시며 호루라기를 건네주시는데, 나는 그걸 받아들며 나도 모르게 눈물이 주르륵 흘렀다.

"선~생님~~"

"괜찮다. 괜찮아. 야가 와이카노('왜 이러는데'라는 의미를 가진 경상도 사투리)."

추운 복도에서 그렇게 한참을 울고는 헤어질 때는 웃으며 인사를 드렸다.

그러고 보니 학교에서의 송별회나 퇴임식 날은 모두 추운 겨울이었다. 그래서 더 쓸쓸하고, 그래서 더 따뜻하게 기억되나 보다.

어느덧 내가 중견교사가 되다 보니 송별회와 퇴임식을 보는 마음가짐이 달라진다. 젊을 때는 그냥 학년 말 회식처럼 생각하며 그 행사에 대해 깊이 생각하지 못했지만, 이제는 아쉬운 송별회와 축하하는 퇴임식으로 의미를 부여하게 된다. 내가 알던 사람들과 헤어진다는 것이 아쉽지만 회자정리(會者定離)라는 순리에 적응하게 된다. 그리고 그 헤어짐이 또 다른 시작임을 알기에 새로운 학교에서의 출발과, 또는 학교를 벗어난 새로운 삶을 응원하게 된다. '영전을 축하드립니다', '퇴임을 축하드립니다'라는 말과 같이 말이다.

송별회는 이렇게 물러나는 이를 기억하게 하고 그가 새로운 곳에서 다시 시작하기를 응원하는, 남겨진 이들과 떠나는 이들의 감사와 축복의 자리다. 서로에게 선한 영향력을 끼치는 자리이다. 그리고 새로운 시작을 준비하는 자리이기도 하다.

9

멀티태스킹 중년

부모에게 자식은 그 나이가 몇 살이든 애라고 한다. 전화기 너머로 중년의 자식에게 밥은 먹고 다니는지, 추운데 옷은 따뜻하게 입고 다니는지 하나하나 물어보는 노년의 부모 모습이 보이는 듯하다. 때론 잔소리 같아 귀찮기도 한 이 말들을 나도 내 아이가 중년이 되면 그 마음이 오롯이 이해가 되려는지. 부모에게 자식은 항상 걱정거리인가 보다.

중년이 되면 자녀들의 학습이나 취업 등으로 고민하기도 하고, 부모 봉양에 대한 부담이 생기기도 한다. 그리고 이제껏 살아온 것을 되돌아보며 이렇게 살아가도 괜찮은지, 도대체 내 인생은 언제 어디서 찾을 수 있을지 생각에 잠기기도 한다. 물론 주어진 직장일을 열심히 하면서 말이다. 직장일과 집안일뿐만 아니라 자녀도, 부모님도 여전히 신경을 써야 하는 중년의 바쁜 일상 속에서 어느 것 하나 놓칠 것이 없기에 멀티태스킹을 해야 했다. 그렇지만 동시에 여러 가지 일을 처리하는 것은 쉽지 않았다. 학교에서 아이들을 가르치면서 동시에 공문을 처리하는 것이 어려운 것처럼 말이다.

내가 6학년 부장교사로서 학교에서 해야 할 마지막 업무이면서도 가장 중요한 일은 졸업식 행사다. 중학교 진학 업무 처리가 끝나가는 12월 중순쯤 되면서 미리 졸업식 행사 계획을 세웠으나 막상 졸업식을 2주 정도 앞두고는 하루하루가 비상이었다. 졸업장 확인, 졸업상장 출력, 졸업선물 포장, 강당 무대와 포토존에 설치하는 풍선 장식을 위한 업체 선정, 입간판 및 현수막 제작, 재학생 송사와 졸업생 답사 연습, 졸업식 PPT 제작, 졸업식 때 보여줄 학생 영상 제작, 졸업 축하공연 오디션과 공연 연습지도, 졸업 앨범 확인 등 2시간 정도의 졸업식을 거행하기 위한 사전 업무는 잠시도 눈 돌릴 틈을 주지 않는다.

저녁까지 학교에 남아서 일을 하고, 지친 몸으로 퇴근해서는 저녁식사를 준비할 시간도, 의욕도 없어서 배달음식을 먹거나 고기만 구워 먹었다. 밥을 대충 먹고는 다시 컴퓨터 앞에 앉아 못다한 학년 말 업무처리와 졸업식을 위한 영상 제작 일을 했다. 그러는 동안 집은 정리되지 못한 물건들로 너저분해지고 있었다. 쌓여 있는 설거지거리와 방바닥에 보이는 먼지와 머리카락들이 눈에 많이 거슬렸지만, 내가 도저히 짬을 낼 수가 없기에 놔두었더니 남편이 퇴근 후에 치우기 시작했다.

이 와중에 올해 중학교에 들어가는 내 아이의 학원도 더 늦기 전에 알아봐야 했다. 이제껏 집에서 혼자서 공부하던, 아니 놀던 아이였다. 어릴 때는 엄마표로 공부한다고 내가 봐주었고, 초등학생 고학년이 되면서부터는 자기 주도적으로 공부하게끔 했다. 말이 좋아서 자기 주도적이지 바쁜 엄마는 그냥 아이를 방치한 셈이었다. 아이는 공부 습관이 잡히지 않아서인지 집중하는 시간이 짧았고, 공부에 애살이 있는 것도 아니었다. 거기에는 초등학생일 때는 놀아도 된다는 나의 생각이 한몫했었다. 비교하면 안 되겠지만, 아니 비교도 안 되겠지만 남들은 선행한다는데 현행도 겨우 따라가는 아이를 엄마가 그래도 선생인데 방치하는 것 같아 아이에게 미안하고 조급했다.

하지만 그런 감상에 젖어 내가 한가하게 있을 시간이 없었다. 지금 며칠째 이 책 원고의 마무리 작업에 빠져 있다. 새벽잠을 설치며 원고 수정작업을 했고, 주말에도 하루 종일 원고와 씨름하고 있었다. 중간중간 포기하고 그만두고 싶었지만, 내 인생에서 딱 한 번만이라도 절실하게 해보고 싶어서 정말 어렵게 끌고 오지 않았나. 그 마지막 작업이 하필이면 일 년 중 가장 바쁘다는 학교 졸업식 업무와 겹친 것이다.

무리한 일정으로 이렇게 몸을 혹사하다가는 얼마 견뎌내지 못할 것이라는 우려가 없었던 것은 아니지만, 무엇 하나 지금 와서 미루거나 그만둘 수는 없었다. 오직 눈앞에는 금방이라도 손에 잡힐 듯한 고지만 보였다. 그곳을 향해 가고, 또 나아갔다. 역시나 탈이 났다!

요즘 현대인은 허리 아픈 사람이 많다고 하지만 나 역시도 그랬다. 졸업 업무 추진을 한창 하고 있는 와중에 의자에 앉는데 갑자기 허리가 찌릿했다. 그리고 그 후부터 허리에서 꼬리뼈가 있는 곳까지 아파서 제대로 앉지도 못했고, 거동이 불편했다. 임시방편으로 몇 번 한의원에 가서 침을 맞고 물리치료로 버텼다. 하지만 앉고 서는 것이 불편하더니 급기야 허리를 숙일 수가 없었다. 양치질을 하는데 고개만 까닥할 수 있는 상황이 되자 더는 미루지 못하고 동네 정형외과에 가서 검사를 받았다.

이렇게 휘몰아치는 일을 헤쳐가느라 나는 정신이 하나도 없었다. 심리적 육체적 정신적으로 모든 것이 힘든 나날이었다. 한꺼번에 일을 처리해야만 했지만 난 멀티태스킹(한 번에 두 가지 이상의 일을 동시에 처리하는 다중작업)을 도저히 할 수가 없었다. 미국 MIT의 뇌신경과학자 얼 밀러스(Earl Millers)는 "우리의 뇌는 멀티태스킹을 잘할 수 없도록 되어 있다. 사람들이 멀티태스킹을 수행할 때, 실제로는 단지 한 가지 일에서 다른 일로 매우 빨리 전환할 뿐이다"라고 했다. 그래, 멀티태스킹은 원래 잘 할 수가 없는 것이라고 하니 다행이긴 하다. 그렇지만 멀티태스킹이 아니라 단지 다른 일로 빨리 전환할 뿐이라는데, 그 전환이 중년에는 쉽지 않았다. 마저 못한 앞의 일은 언제나 질질 늘어지고, 해야 하는 뒷일은 깜빡 잊기도 했다. 그래서 미안하다는 말을 달고 다니기도 했다.

그러는 사이에 내가 잊고 있는 것이 있었으니 바로 부모님 건강이었다. 아버지께서 시술 날짜를 잡았다고 연락이 왔다. 평소 다리가 항상 저리다고 하신 아버지께 지난 명절에 가서 병원을 알아봐드리면서 진료를 받아보시라고 했었다. 그 후로 깜빡 잊고 있었는데 아버지는 병원에 가서 검사를 받아보셨고, 척추에 풍선 신경 성형술이라는 시술을 받게 되신 것이다.

내가 아버지를 모시고 병원에 가야 했지만, 그 날이 바로 학교 졸업식날이었다. 이래저래 신경이 곤두서 있던 나는 시술날에 버스 타고 가면 된다는 부모님의 말씀에 택시 타고 가라고 하며 짜증을 내버렸다.

전화통화를 마치고 한동안 멍하니 허공을 응시하며 앉아 있었다. 하염없이 눈물이 흐른다. 나를 안심시키려 당신은 버스를 타고 가신다고 말씀하셨지만, 그 말이 무엇인지를 아는 나이 아닌가! 병원에 혼자 가야 하는 두려운 마음에 섭섭함이 더해진 마음을 에둘러 그렇게 표현하셨다는 것을 알면서도 도리어 짜증을 내고 말았으니….

사실 부모님과는 곁에 살지 않아서 자주 찾아뵙지도 못해 항상 죄송한 마음이었다. 전에는 전화라도 자주 했지만, 요즘 들어서는 그 전화 안부조차도 바쁘다는 이유로 자주 하지 않게 되었다. 같은 지역에 살면 퇴근하면서라도 잠시 들를 수도 있고, 저녁 먹고 간식거리를 사들고 산보처럼 다녀갈 수도 있을 텐데….

다음날 졸업식을 무사히 마쳤다. 몸은 만신창이가 되어 쉬어 달라고 아우성인데, 아픈 허리를 붙잡고 동학년의 선생님들과 올해의 반성 겸 협의회를 한다고 음식점에 가서 점심을 먹었다. 그러고는 다시 커피숍을 들렀다. 커피를 마시며 한창 수다를 떨고 있는데 남편으로부터 아이의 졸업사진이 전송되어 왔다.

그렇다! 오늘은 우리 반 아이들과 같은 학년이었던 내 아이도 졸업하는 날이었다. 엄마는 도저히 참석할 수 없으니 아빠가 갈 것이라고 했고, 아빠와 맛있는 점심 먹으면 엄마도 졸업식을 끝내고 금방 갈 것이라고 약속했었다. 그런데 나는 지금, 그곳이 아닌 여기에 있다. 미안하다고, 엄마가 깜빡했다고, 저녁을 같이 먹자고 연락을 했다. 그렇게 동학년 선생님들과의 마지막 인사를 끝내고 집으로 돌아왔다.

주차장에서 휴대폰을 확인하니 한 통의 문자가 와 있었다.

'니네 아빠 시술 잘 끝났어, 걱정하지 말아라.'

친정엄마의 문자였다. 아, 오늘은 아빠의 시술 날짜이기도 했다. 나는 그것도 깜빡한 것이다. 너무 놀랍고 죄송해서 전화를 드리고 몸은 어떠신지, 의사는 뭐라고 했는지 안부를 물었다.

하루 종일 힘들기도 했지만, 그것보다도 더 무거운 마음만큼이나 발걸음이 떼어지지 않는다. 하지만 조금도 내색하지 않고, 오히려 밝은 얼굴로 집으로 들어서며 아이에게 졸업을 축하한다는 말을 해주었다. 미안한 마음에 축하의 마음을 더해 가족이 함께 멋진 저녁 외식을 갔다 왔지만, 마음은 뭔가 홀가분하지 않았다.

그날 밤, 엄마로부터 또 한 통의 문자가 왔다.

'학년 말이라서 많이 바쁘지? 딸아, 너무 열심히 살지 말고, 재미있게 살아라.'

하루 종일 힘들고 정신이 없었지만 그냥 묵묵히 지내왔는데, 참아왔던 미안함과 죄송함에 그만 눈물이 터져버렸다. 노년의 엄마는 중년의 딸에게 인생의 지혜를 나눠주신 것이다. 그래 중년, 열심히 말고 재미있게 살아보자.

TV에서는 계절에 이르게 핀 꽃소식이 들려온다. 계절의 변화는 조금 늦거나 빠를 뿐 어긋남이 없다. 이제 곧 나무들은 겨우내 움켜쥐고 있던 꽃눈 잎눈 다투어 피어낼 것이고, 온 천지가 꿈틀꿈틀 깨어나면서 세상은 하루가 다르게 바뀌어 갈 것이다. 다시 봄이다!

그제야 생각났다. 내 마음에 무겁게 똬리 틀고 있던 뭔가는 단지 몸의 피로나 기분 탓만은 아니었다. 내가 바쁜 일상에 빠져 살면서 잠시 잊었지만 계절의 변화처럼 흘러가는 물처럼, 세상은 나를 위해 기다려주지 않는다. 지나간 시간은 돌이킬 수 없는 게 자연의 순리다. 주말에는 모든 것 제쳐두고 가족과 함께 부모님을 찾아뵈어야겠다.

50대, 중년을 위한 변명

지은이 | 김지은

펴낸이 | 박영발

펴낸곳 | W미디어

등록 | 제2005-000030호

1쇄 발행 | 2023년 4월 5일

주소 | 서울 양천구 목동서로 77 현대월드타워 1905호

전화 | 02-6678-0708

E-mail | wmedia@naver.com

ISBN 979-11-89172-45-9 (03330)

값 14,000원